현직 노무사의 미디어 읽기

미디어, 노동인권을 말하다

2018-2022 KBS의 프로그램을 중심으로 본 노동인권

미디어, 노동인권을 말하다
현직 노무사의 미디어 읽기

초판 1쇄 발행 2023년 09월 01일
   2쇄 발행 2023년 11월 10일
   3쇄 발행 2024년 12월 23일

지은이 진선미
펴낸이 장현수
펴낸곳 메이킹북스
출판등록 제 2019-000010호

디자인 박단비
편집 최미영
교정 안지은
마케팅 김소형

주소 서울특별시 구로구 경인로 661, 핀포인트타워 912-914호
전화 02-2135-5086
팩스 02-2135-5087
이메일 making_books@naver.com
홈페이지 www.makingbooks.co.kr

ISBN 979-11-6791-419-4(03330)
값 16,800원

ⓒ 진선미 2023 Printed in Korea

잘못된 책은 구입하신 곳에서 바꾸어 드립니다.
이 책의 전부 또는 일부 내용을 재사용하려면 사전에 저작권자와 펴낸곳의 동의를 받아야 합니다.

홈페이지 바로가기

메이킹북스는 저자님의 소중한 투고 원고를 기다립니다.
출간에 대한 관심이 있으신 분은 making_books@naver.com로 보내 주세요.

현직 노무사의 미디어 읽기

미디어, 노동인권을 말하다

진선미 지음

2018-2022
KBS 시청자위원
노동인권 부문

올해의
공인노무사상 수상
한국공인노무사회 선정

언론인권센터
추천도서

메이킹북스

3쇄를 출간하며

:

먼저 이 책이 3쇄를 출간하게 되었다는 기쁜 소식에 감격스럽고 감사한 마음이다. '기록은 기억을 이긴다'는 의미를 되새기며 이 책을 통해 2018년부터 2022년까지의 우리의 노동인권 역사를 기록하고 싶었다. 『미디어, 노동인권을 말하다』는 지난 5년의 공영방송 KBS의 다양한 프로그램들에 대한 분석과 제언들이 담겨 있다. 때로는 칭찬과 격려로, 때로는 아쉬움과 비판으로 방송이 나아가야 할 방향을 함께 고민하고자 했으며, 이 책은 그러한 고민과 노력이 모인 결과물인 것이다.

우리 사회에서 놓치기 쉬운 '노동'이라는 가치와 인권의 중요성을 돌아보고자 했으며, 일하는 사람들의 권리를 지키기 위해 우리가 무엇을 알고, 어떤 변화를 만들어가야 하는지를 고민하며 집필했다.

3쇄를 출간하며 목차와 제언 수정 작업을 할까 잠깐 고민하였지만, 있는 그대로 출간하기로 했다. 각 연도별로 코로나19, 고령화, 여성 노동 현실, 청년, 이주노동자, 중대재해처벌법 시행, 직장내괴롭힘금지법 시행, 플랫폼 노동, 방송 분야 근로감독 실시, 노동사각지대 등 시대상을 반영했기에, 현안들이 더욱 의미를 갖는다고 생각했기 때문이다. 책을 다시 한번 살펴보며 놀라웠던 것은 우리 사회의 노동인권 문제가 여전히 '반복'되고 있다는 점이었다. 2024년 현재 노동이슈는 2018년부터 2022년까지의 시기별 주제와 크게 다르지 않아 보인다. 그런 점에서 법은 멀고, 제도 변화는 느리고, 세상은 빨리 변한다는 말이 실감이 된다.

노동인권이라는 주제는 여전히 많은 현장에서 외면받고 있다. 우리의 노동 현실을 바로잡고, 더 나아가 모든 일터에서 노동 인권이 존중받는 사회를 만드는 데 할 수 있는 역할을 다하겠다.

3쇄 출간을 기점으로 더 많은 분들이 이 책을 통해 노동인권의 중요성을 되새기고, 함께 변화의 길을 걸어가기를 희망한다. 앞으로도 더 깊이 고민하고, 더 열심히 활동하며 현장의 목소리를 담아내겠다.

다시 한번 이 책 출간을 위해 애써주신 메이킹북스 장현수 대표님, 안지은 팀장님께 감사드리며, 사랑하는 남편, 태영, 준우 우리 가족에게도 더욱 깊은 감사를 전한다.

2024년 12월 사무실에서
저자 올림

프롤로그

필자는 2008년부터 공인노무사로 활동하고 있으며 현재 노무법인 율선 대표이다. 현직 노무사로서, 2018년 9월부터 2022년 8월까지 5년에 걸쳐 KBS 시청자위원회 위원으로 활동했다. KBS가 다룬 노동인권에 대해 지속적으로 의견을 개진하였고 임기를 마치며 그간 작성한 의견서를 '기록은 기억을 이긴다'는 의미를 되새기며 책으로 출간하게 되었다.

흔히 노동이라는 단어를 떠올리면 '힘들다, 고통스럽다'는 생각이 떠오른다고 한다. 우리는 삶에서 노동을 떼어낼 수 없고, 삶을 마감할 때까지 어떠한 형태로든 노동을 하게 된다. 하지만 각종 정치, 가십거리는 매일 쏟아져 나오는 데 비해 불이익을 당하는 노동자의 이야기를 들어주는 언론, 미디어는 많지 않다. 공영방송으로서 KBS는 이런 노동의 가치, 삶의 가치가 퇴색되지 않도록 노동자의 삶에 대한 우리 사회의 관심과 응답을 구하는 다큐멘터리, 프로를 지속적으로 다루어왔다. 노동인권과 KBS, 지난 5년간의 기록을 이 책을 통해 남겨두고자 한다.

의견서의 내용을 나열하니 지난 5년간의 대한민국에서 일어난 전반적인 노동 이슈가 한눈에 보였다. 임시·계약직·노인장을 뜻하는 임계장, 비정규직, 이주 노동자, 인구 고령화, 여성노동현실, MZ세대, 플랫폼 노동, 배달 노동자, 방송 스태프 노조, 직장 내 괴롭힘 금지, 위험의 외주화, 산업안전, 중대재해처벌법, 임금절도로 표현되기도 하는 임금체불 문제 등 아직도 우리 사회에 다양한 노동 이슈가 많다. 이를 지속적으로 다루는 미디어, 언론의 역할이 중요함을 알리고 싶었다.

앞으로도 공영방송 KBS가 이러한 노동 이슈를 지속적으로 다루어 노동자들의 절박한 호소를 들어주며, 국민들에게 공감과 울림을 주기를 희망한다. 우리 사회 전체의 노동인권을 향상시킬 수 있는 미디어, 언론 역할을 하기를 바란다.

시청자위원 활동기간 중 책으로 출간할 것을 적극 권유해준 알권리연구소 소장 전진한 위원님께 감사드리며, KBS 시청자위원 제29기, 제30기 위원님들, 노무법인 율선의 김선애, 표진주 노무사님, 김지현 위원님, 사랑하는 남편, 태영, 준우 우리 가족에게도 깊은 감사를 전한다.

추천사

저자는 다년간 공영 미디어에서 다루는 노동문제를 인권 차원에서 예리하게 살펴 미흡한 부분을 지적하고 문제해결을 위한 대안을 과감히 제시하였다. 이를 위해 '위험의 외주화'로 표현되는 양극화되어 있는 우리나라의 노동시장을 해부하고 다양한 노동이슈에 접근하여 노동인권의 사각지대를 두루 살펴보았다. 경제규모가 세계 10위권임에도 불구하고 OECD 회원국 중 산재사망률 1위의 오명을 벗기 위해 미디어가 특히 중대재해처벌법 시행 이후 현장 중심 집중 취재를 강화하여야 함을 강조하였다. 궁극적으로는 디지털혁명과 함께 전개되는 정의로운 전환(Just Transition)에서 품위 있는 노동(Decent Work)의 실현을 지향하고 있다.

한국ILO협회 회장 이광택

진선미, 그는 그 이름에서 풍겨지듯 진실함과 선량함으로 무장한, 겉보다 더 아름다운 내면을 갖춘 멋진 사람입니다. 이 책에서 보듯 수려한 글솜씨와 저와 함께 한국공인노무사회를 이끌면서 보여준 냉철한 판단력의 소유자이기도 합니다. 이 책은 지난 5년간 대한민국에서 일어난 전반적인 노동이슈를 담고 있습니다. 미디어는 중립성과 공정성을 유지하며, 노동자들의 이야기를 제대로 반영하고, 사회적 의식을 높이며 공정한 사회를 형성하는 역할을 수행해야 합니다. 또한 미디어의 역할을 인식하고 이를 통해 노동인권을 지지하고 보호하는 노력은 계속되어야 할 것입니다. '미디어, 노동인권을 말하다'를 통해 진선미 노무사의 진가를 알아볼 수 있는 행운이 함께하기를 바랍니다.

한국공인노무사회 제17대·18대 회장 박영기

진선미 노무사님과 4년간 KBS 시청자위원회를 함께 했습니다. 방송에 비쳐진 노동문제와 KBS 직장 내 노동관련 쟁점을 날카롭게 분석하고 비판하던 모습이 무척 인상적이었습니다. 우리는 평생 노동을 하고 살지만, 관련법과 제도에 대해서는 배울 기회가 없습니다. 이 책이 소중한 우리 노동의 가치를 깨닫고 빛나게 해줄 것입니다.

알권리연구소 전진한 소장

차례

3쇄를 출간하며   004
프롤로그   006
추천사   008

2018년

01. 〈회사 가기 싫어〉, 로그아웃하시겠습니까?   016
02. 〈추적 60분〉 은폐 의혹 10년, 한국타이어 노동자들의 죽음   020

2019년

01. 〈엄경철의 심야토론〉, 노동자의 죽음… 위험의 외주화   026
02. 〈거리의 만찬〉 노동의 조건, 노동의 가치를 다룬 의미 있는 기획   030
03. 여성노동현실에 대한 방송 더 많이 제작해주길…   034
04. 〈KBS 뉴스9〉, 외국인 계절근로자 제도   040
05. 5월 1일 노동절 or 근로자의 날   043
06. 〈회사 가기 싫어〉, 회사가 당신을 해고하는 101가지 이유   046
07. 〈KBS 열린토론〉, 강사법 파행 막을 대안은?   049
08. 〈김경래의 최강시사〉, 대법원 '톨게이트 요금수납원
    직접 고용해야' 판결   054
09. 〈KBS스페셜〉, '3.6%가 말하는 것' 사표 쓰지 않는 여자들   058
10. 〈시사기획 창〉, 오지 않는 청년의 시간   061
11. 〈정용실의 뉴스브런치〉, '인구변화, 미래를 바꾼다'   065

2020년

01. 〈시사직격〉 '무엇이 이들을 죽게 하나'   070
02. 〈시사직격〉, '겁 없는 여자들 : 요금수납원 해고, 200일의 기록'   075
03. 세계 여성의 날, 노동환경에서 양성평등을 실현하기 위하여   078
04. 〈KBS 뉴스9〉, 로켓이 된 쿠팡맨   088
05. 〈시사기획 창〉, 살인노동 2부-죽음의 숫자   092
06. 〈코로나19통합뉴스룸〉, 5인 미만 사업장의 노동법 사각지대   096
07. 〈시사기획 창〉 코로나 쇼크, 혼돈의 52시간제   099
08. 〈일하다 죽지 않게〉, 죽음의 일터는 어디?   103
09. 〈김경래의 최강시사〉, '봉제 노동자 근로환경, 70년대와 달라진 것 없어'   106
10. 〈KBS뉴스〉, 우리는 소모품이 아닙니다   110
11. 〈오태훈의 시사본부〉, 택배 노동자 과로사 대책 마련   113
12. 〈일하다 죽지 않게〉, 더 이상은 일하다 죽지 않게   118

2021년

01. 〈김경래의 최강시사〉, 이주 노동자 노동현실   124
02. 〈시사기획 창〉, 당신은 지금 어떤 일을 하고 있습니까?   129
03. 〈KBS 뉴스9〉 임금체불보고서, 전문가 협업 취재가 돋보인 기획   135
04. <KBS 뉴스9〉, 경직된 위계구조 속 막말 갑질… 직장 문화의 민낯   140
05. 〈시사기획 창〉, 그림자 과로사   144
06. 〈시사기획 창〉, 월급이 사라졌다   150
07. 〈KBS 뉴스9〉, 다양한 노동이슈를 다루다!   153
08. 〈KBS 뉴스9〉. '편견과 혐오의 올림픽- KBS가 중심 잡아야'   156

09. 〈다큐인사이트, 국가대표〉, 동일노동 동일임금의 실현　　160

10. 〈KBS 뉴스9〉, 세상에 '남의 일'이란 없습니다　　164

11. 〈KBS 열린토론〉, '고용 없는 성장' 포스트코로나 시대　　168

12. 〈시사기획 창〉, '[급구] 이주노동자 불법을 삽니다'　　172

2022년

01. 〈KBS 다큐〉 다시는 일하다 죽지 않게, 공영방송으로서 의미 있는 기획　　181

02. 〈시사직격〉 살리고 싶다 살고 싶다, 간호 인력 실태 보고　　185

03. 〈다큐 인사이트〉 한국 웹툰의 발전, 웹툰 제국의 탄생　　190

04. 〈GPS와 리어카 연속 보도〉, 시급 950원·13km 인생…　　193

05. 〈KBS 뉴스9〉 중대재해처벌법 시행 100일, 노동인권 사각지대　　197

06. 〈시사직격〉 앞으로는 상생, 뒤로는 노조 파괴?　　201

07. 노동법 위반 제작 드라마 〈미남당〉　　205

08. 〈시사기획 창〉 MZ, 회사를 떠나다　　210

프로그램명·방송일시　　214

주석　　224

에필로그　　244

이 책 활용 꿀팁!

QR코드를 통해 방송 내용을 확인하며 읽으면

더욱 좋습니다!

2018년

〈회사 가기 싫어〉, 로그아웃하시겠습니까?
〈추적 60분〉 은폐 의혹 10년, 한국타이어 노동자들의 죽음

<회사 가기 싫어>, 로그아웃하시겠습니까?

• • • • • •

<회사 가기 싫어>는 전형적인 중소기업, 문구회사의 영업기획부를 관찰하는 오피스 모큐멘터리(허구적인 상황이 실제처럼 보이도록 만든 다큐멘터리 형식의 한 장르)다. 회사에 가기 싫지만 갈 수밖에 없는 모든 직장인에게 바치는 공감 스토리로 실제 사무실을 방불케 하는 리얼한 노동 현장의 모습과 일상에서 겪는 온갖 형태의 직장 문제를 공론화했다.

실제 직장인들의 이야기를 재구성한 시트콤 형식 안에 직장에서 벌어지는 현실적 상황과 문제, 사회 현상과 노동 정보 등을 짚어내는 다큐 요소를 버무려 직장인을 위한 '사이다'가 되겠다며 야심찬 출발을 하였다. '한다스'라는 가상의 회사를 배경으로 통계, 실제 직장인 인터뷰를 더해 다양한 패키지로 버무려 이야기를 전개한다. 자극적이지는 않지만 적당한 재미와 공감을 통해 우리 사회 직장문화를 깊이 있게 들여다보는 기회를 가지며 잔잔한 공감을 주었다. 그동안 KBS는 다소 정적이며 프로그램의 내용

이 예측 가능하다는 이미지가 있었다. 하지만 해당 프로그램의 경우, 여러 요소들을 결합해 파격적이며 형식에 구애받지 않아 신선하다는 느낌이 들었다. 단순 비교는 어렵겠지만 오피스 드라마라는 점에서 tvn에서 방영된 '미생'과도 유사한 측면이 있다.

1회부터 3회까지 다룬 주제인 직급 호칭 폐지, 서열식 회식 문화, 업무 인수인계와 같은 조직 문화, 근로시간 단축, 주52시간제 시행, 근로시간과 휴게시간 구분, 근로시간 개정 관련 퀴즈 등이 신선했다. 직장인들의 출근길 전쟁, 점심시간 전쟁, 현재 이슈가 많이 되고 있는 근로시간과 관련된 pc-off제, 자율 출퇴근제 등 전반적인 노동 현장 상황을 담았다.

특히 '로그아웃하시겠습니까?' 편에서는 SNS로 인한 초연결 사회에서 회사로부터 로그아웃하고 싶은 직장인들의 모습을 그려냈다. SNS를 통한 개인 사생활 개입, 업무 지시, 실수로 올린 단톡방 글이 난처한 상황 등이 나와 현실감 있었고, 특히 우리 국회의 '카톡금지법' 법안 발의된 내용을 소개하거나, '프랑스의 연결되지 않을 권리', 엘콤리법'을 소개한 부분에서는 유익했다. 가장 높은 점수를 주고 싶은 부분은 다양한 요소와 형태의 결합이다.

정보 제공이라는 다큐멘터리의 고유 목적에 재미를 가미한 드라마 요소, 등장인물의 사실적 인터뷰와 개그맨 유민상의 등장으로 코믹 요소까지 결합된 형태는 신선하고 몰입도를 높이는 데 큰 효과를 주고 있다. 아울러, 퀴즈대회와 같이 다양한 형태까지 포함한 점은 기존 KBS 프로그램과는 분명히 다른 새로운 시도라 할 수 있겠다.

또한 일상 회사 업무에 주 52시간제 등 다양한 노동 정보의 제공이 더해진 점과 실제 회사에서 사용하는 용어 '야근각', '알데스코', 'ERP' 등을 적절히 노출시킨 점은 직장인들의 공감을 얻는 데 큰 역할을 하였다. 등장인물이 전부 상세히 묘사되지는 않았으나, 프로그램 소개 내용의 등장인물은 시니어 인턴과 계약직까지 다양한 인물로 구성한 것도 앞으로의 전개에 기대감을 충분히 주고 있다.

그런데 야심찬 출발에 비해 1회부터 줄곧 1%대의 저조한 시청률을 보이고 있는 데는 분명한 이유가 있을 것이다. 한 회 한 회 너무 많은 정보, 주제, 이슈와 이야기를 담다 보니 초반의 신선함이 오히려 산만한 감으로 다가온다. 조직 문화, 리더십, 회사 복지, 비정규직 문제, 여성, 직장 내 성희롱 등 좀 더 특정 주제를 가지고 집중하는 게 어떨까 하는 생각을 했다. 너무 많은 주제와 상황에 대해 설명을 하려다 보니 화면 컷이 너무 자주 바뀌어 주제에 대한 정확한 정보 전달과 몰입감을 주는 데 어려운 점도 있는 것 같다.

마지막으로 '직장 생활 SNS 사용법'이 나오기는 했지만, 어려운 회사 생활에서 각각의 상황마다 직장인들은 어떻게 대응하고 있는지, 어려움을 극복하는 노하우로는 어떤 것이 있는지 보다 구체적으로 실제 몇 가지 사례를 들어주면 소위 말하는 '직장 생활의 꿀팁'까지 제공해 줄 수 있지 않을까 한다. 또한 중소기업의 사무직을 배경으로 하고 있지만 노동계 전반에 산적한 기간제, 단시간, 파견근로자 차별적 처우 문제, 노조 파괴 등 불법적인 부당노동행위, 모성보호, 외국인노동자, 청년실업 구직난 및 오히려 소외되고 있는 자영업자의 노동 현실 등 다양한 주제를 짧은 콩트 형식으로라도 다뤄주길 기대한다.

<추적 60분> 은폐 의혹 10년, 한국타이어 노동자들의 죽음

• • • • •

국내 타이어업계 1위, 연 매출 6조 8천억 원(2022년 기준 연 매출 8조 3천억 원). 한국타이어의 화려한 수식어 뒤에는 노동자들의 눈물이 있다. 돌연사와 각종 직업병이 끊임없이 발생하는 곳. 하지만 그 현상이 유해한 작업환경 때문이라는 노동자들의 주장을 한국타이어는 10년 넘게 부정하고 있다.

KBS 2TV <추적 60분>은 아직도 해결되지 않고 있는 한국타이어 노동자들의 죽음과 질병에 관한 진실을 추적했다.

현재 암, 알츠하이머, 뇌경색 등 직업병을 앓고 있는 노동자들과의 인터뷰 등을 통해 노동자들의 고통과 실상을 여실히 전달하였다. 특히 작업환경 관련하여 한국타이어 노동자가 제보한 영상을 통해 작업공정을 실제 보여줌으로써 이해가 쉽도록 하였다.

또한 해당 사업장에서의 분진을 추출하여 공식 기관에 벤젠, 톨루엔, 크실렌 등 유해물질이 없는지 검출실험을 의뢰했다. 그 결과 톨루엔, 크실렌, 1급 발암물질인 벤조A피렌이 검출되었음을 공개함으로써 작업환경의 위험성을 객관적으로 보여주었고, 10여 년 전인 2007, 2009년에 산업안전보건연구원에서 시행된 작업환경 역학조사 결과 신뢰성에 대한 의문을 제기하는 데 일조하였다.

그러면서 과거 역학조사 과정에서 유해물질 취급이 아닌 고온, 과로를 노동자들의 주요 사망 원인으로 꼽았던 점, 역학조사 당시 회사의 자료 미제공 등 비협조적인 태도, 역학조사 과정에서 회사 개입으로 노동자들과의 대면이 이루어지지 않아 노동자들의 의견이 전혀 반영되지 않았다는 점 등 조사 과정에서의 부당성도 다룸으로써 왜 여전히, 지난 10여 년간 한국타이어 노동자들이 고통받고 있는지 십분 이해가 되었으며 시청자의 공분을 사기에 충분했다.

또한 산업안전보건법에 의거 시행 중인 특수건강진단의 모순 즉, 사업주가 검진기관을 스스로 선정하여 노동자에게 검진 받도록 하여 고용노동부에 보고하는 시스템은 항암치료 중인 노동자가 「양호, 과거병력 없음」 결과문을 받을 정도로 허술한 검진 관리, 형식적 보고에 그치고 있음을 지적한 부분도 의미가 있었다.

이렇듯 '은폐 의혹 10년, 한국타이어 노동자들의 죽음'이라는 제목처럼 과거 10여 년간의 한국타이어 노동자들의 직업병으로 인한 고통, 산업재해 인정률, 과거 역학조사 결과의 부당성을 다룸으로써 노동자들이 처한 심각한 상황을 적나라하게 잘 보여주었으나, 고용노동부의 관리감독 소홀 부분 또한 비중 있게 다루었으면 어떨까 하는 아쉬움이 남는다. 행정관청의 미온적인 관리감독을 언급하긴 하였으나, 전체 프로그램에서 차지하는 비중이 미미하였고 다소 모호한 지적이었다.

현행 노동관계법령인 산업안전보건법상 사업주는 안전보건관리책임자, 안전관리자, 보건관리자 그리고 산업안전, 보건에 관한 중요사항을 심의 또는 의결하기 위해 노사 동수로 구성되는 산업안전보건위원회를 설치, 운영하여야 하는 등의 의무가 있다. 또한 고용노동부는 역학조사, 특수건강진단뿐 아니라, 작업환경측정, 사업주가 제출하는 각종 유해위험방지 계획서, 안전보건진단, 공정안전보고서, 안전보건개선계획서 제출 요구 등 안전보건 관련 각종 감독과 변경 명령을 할 수 있다.

방송에서 한국타이어 담당 고용노동부 근로감독관을 인터뷰하기는 하였으나, 당시 상황에 대한 표면적인 설명과 관내에 수많은 사업장이 있어 실질적인 관리감독의 어려움을 토로하는 수준이었다. 이에 그치지 않고 고용노동부가 노동자들의 안전과 보건을 위해 지난 10여 년간 산업안전보건법상 어떠한 관리감독[2]을 하였는지, 관련법상 매년 실시하는 작업환경측정 결과의 내용, 주기적으로 평가하게 되어 있는 공정안전보고서 이행상태평가 결과, 산업안전 관련 조사가 몇 차례 이루어졌고, 어떠한 방식으로 이 사안을 다루었으며, 어떻게 처리하여 왔는지 행정정보공개청구 등을 통해 집중적으로 이 부분을 다루었어야 했다.

해당 프로는 과거 한국타이어 노동자들의 열악한 작업환경 문제를 지적하였고, 10년 전의 약속을 지켜 다시 작업환경을 둘러싼 의혹과 논란을 다루었다. 방송에서 10년 전 역학조사 결과에 대한 신뢰성 문제, 특수건강진단의 모순 등을 지적하였으나, 보다 종합적인 관점에서 회사뿐만 아니라, 지난 10여 년간을 추적하여 행정관청의 미온적 관리감독에 대한 철저한 분석 및 반성이 있어야 했다. 앞으로는 KBS가 전체 노동자들의 산업재해 예방, 안전과 보건을 유지·증진하는 제도 개선 차원의 현실적이고 구체적인 제안을 담은 프로를 제작하였으면 한다.

2019년

〈엄경철의 심야토론〉, 노동자의 죽음… 위험의 외주화

〈거리의 만찬〉 노동의 조건, 노동의 가치를 다룬 의미 있는 기획

여성노동현실에 대한 방송 더 많이 제작해주길…

〈KBS 뉴스9〉, 외국인 계절근로자 제도

5월 1일 노동절 or 근로자의 날

〈회사 가기 싫어〉, 회사가 당신을 해고하는 101가지 이유

〈KBS 열린토론〉, 강사법 파행 막을 대안은?

〈김경래의 최강시사〉, 대법원 '톨게이트 요금수납원 직접 고용해야' 판결

〈KBS스페셜〉, '3.6%가 말하는 것' 사표 쓰지 않는 여자들

〈시사기획 창〉, 오지 않는 청년의 시간

〈정용실의 뉴스브런치〉, '인구변화, 미래를 바꾼다'

<엄경철의 심야토론>, 노동자의 죽음… 위험의 외주화

· · · · · ·

2018년 12월, 비정규직 청년노동자의 안타까운 죽음이 우리 사회에 경종을 울렸다. 한국서부발전 태안화력발전소에서 근무하던 비정규직 하청 노동자의 안타까운 산재 사망사고가 발생했다. 태안화력 고(故) 김용균 씨 사망사고를 계기로 더 이상 억울한 죽음이 있어서는 안 된다는 국민적 요구가 뜨거웠고, OECD 산재사망률 1위라는 참담한 현실에는 우리 사회의 구조적 문제가 도사리고 있음을 알렸다. 위험의 외주화 문제의 깊은 반성과 성찰을 통해 근본적 해법과 남겨진 과제들에 대해 심도 있게 고민해볼 필요가 있다. 〈엄경철의 심야토론〉에서는 '노동자의 죽음, 위험의 외주화'라는 주제로 토론을 진행하였다.

이 프로그램은 OECD 산재사망률 1위라는 참담한 현실에서 우리 사회의 구조적 문제를 돌아보고, 산업계 전반에 확산된 위험의 외주화를 바로잡고, 생명과 안전보다 이윤과 효율을 우선시하는 우리 사회 구조 문제를 바꾸자, 우리 사회 문제의 깊은 반성과 성찰을 해보자는 취지로 방영됐다.

방송에서 역시 산업재해 사망률인 사망 만인율을 연도별, 국가별, 하청 소속비율 통계치를 직접 보여주며 우리 사회에서 경영 효율화와 비용 절감 속에 하청업체 비정규직 노동자의 소외된 죽음이 계속되고, 증가되어 왔음을 방증했다. 또한 2년 전 구의역 스크린도어 사고 발생에도 불구, 그간 국회, 정부, 경영계 모두 책임지는 자세가 없다는 점을 질타하였다.

4명의 패널이 나왔는데 모두발언에서도 이와 같은 취지로 토론을 시작하였다.

> **우원식**(더불어민주당 국회의원), "생명보다 돈을 우선시하는 '위험의 외주화' 반드시 멈춰야 합니다"
> **조돈문**(가톨릭대 사회학과 교수), "생명·안전 관련 업무는 직접고용 정규직으로!"
> **이상윤**(노동건강연대 대표), "안타까운 노동자 사망, 기업과 정부의 책임입니다. 정치가 나서야 합니다"
> **권 혁**(부산대 법학전문대학원 교수), "업무는 외주화하더라도 위험까지 외주화할 수는 없습니다"

방송에는 고(故)김용균 씨의 동료 근로자가 나왔다. 원래 2인 1조로 작업해야 했고, 20년 경력 전임자도 3개월 동안 인수인계받던 것을 신입 사원인 고(故)김용균 씨는 고작 3일의 인수인계를 받고 홀로 작업하다 입사 3

개월 만에 참담히 사망한 것이라는 그의 발언에서 금번과 같은 비정규직 근로자의 허망한 죽음, 죽음의 외주화는 더 이상 없어야 한다는 것을 충분히 공감했다.

문제는 충분히 공감했고 시청자들도 이미 언론을 통해 충분히 알고 있는 사실이다. 그렇다면 정책적 대안은 무엇인지에 대한 논의가 나올 줄 알았다.

방송 초반부터 중반 이후까지 비정규직 외주화의 위험성에 대해 이야기했다. 방송 후바부에 사회자가 우원식 의원에게 현재 국회 계류 중인 산안법 개정안 내용에 대해 질문했고, 우 의원은 이에 대해 짧게 3, 4가지 언급했다. 그 이후에도 외주화의 위험성에 대한 이야기로 토론은 흘러갔다. 산업안전의 사각지대에 있는 비정규직 노동자 보호방안에 대한 이야기가 나오리라 기대했다.

패널들 모두 당시 국회 계류 중인 산안법 개정안에 대한 내용은 확인하고 방송에 나왔을 것 아닌가. 당시 산안법 개정안의 주된 내용은 '노무제공자로 보호대상 범위 확대, 원청의 처벌, 책임범위 확대, 도금작업 등 유해위험한 작업 도급금지'였다. 고(故)김용균 씨가 작업했던 연료환경설비운전 업무나 구의역 김 군의 사망사고가 발생한 스크린도어 수리 업무는 당시 산안법 개정안에서도 도금작업 등 유해·위험한 작업으로 보지 않아, 사업장 내 도급금지 대상으로 보지 않은 채 논의되고 있었다. 즉 여전히 도급 가능한 업무이고, 죽음의 외주화는 지금도 이어지고 있는 것이다.

그런데 권 교수를 제외한 패널 3인은 비정규직 외주화 위험성, 외주화 금지라는 이상적인 이야기만 하였을 뿐, 금번 사건을 계기로 비정규직의 안전한 노동환경을 위한 정책적 대안을 모색하는 토론은 하지 않았다. 물론 우원식 의원이 원하청 산업재해 통합적용, 공공기관 경영평가에 산재 항목을 반영하겠다는 언급은 있었으나 깊이 있는 토론은 이루어지지 못했다. 패널 구성을 '산업안전관련 전문가 2명, 비정규직 전문가 1명, 정치인 1명'으로 하였으면 맞지 않았을까 싶다.

방송에서 기업측 패널을 섭외하려는데 실패했다고 하나 그렇다면 산업안전 관련 전문가를 섭외하여 그간 '산업안전 제도체계가 왜 제대로 작동할 수 없었던가, 왜 비정규직 노동자를 보호할 수 없었던가, 도급에 있어 왜 사업주에게 형사책임을 묻기 어려웠던가. 산안법 개정안에서 유해위험한 작업 도급금지 범위에 고(故) 김용균이 작업했던 연료환경설비운전 업무가 도급대상에 여전히 포함되어 있는데 이 부분을 어떻게 보완할 수 있을 것인가' 등 제도적인 문제에서 한번 짚고 넘어갔다면 토론의 격이 높아졌을 것이다.

하지만 방송에서는 죽음의 외주화 반대라는 다소 감성적 호소만 있었을 뿐, 실질적으로 비정규직 하청 노동자를 보호하기 위한 산업안전방안에 대한 심층 토론이 부재하였다. 2월부터 방영하는 새로운 심야토론에서는 이와 같은 부분을 보완하여 프로그램 기획의도에 맞게 설득, 경청, 공감으로 사회 쟁점과 해법에 대해 영감을 얻을 수 있는, 이슈의 핵심을 건드리는 품격 있는 정통 토론 프로그램으로 더욱 공고해지길 기대한다.

<거리의 만찬> 노동의 조건, 노동의 가치를 다룬 의미 있는 기획

• • • • •

　도시가스 점검원들이 담당하는 세대수는 평균 4,500세대에서 많게는 5,000세대까지 이른다. 그들은 자신이 할당받은 세대수 안에서 매달 검침과 송달을 끝내야 하고, 6개월에 한 번씩 세대 방문 점검을 완료해야 한다. 이 업무를 위해 하루에 2만 보 이상, 많게는 3만 6천 7백 걸음을 걸어야 한다. 이들의 노동환경은 어떤 모습일까. 우리가 알지 못한 그 현장을 직접 찾아갔다.

　거리의 만찬에서는 두 편에 걸쳐 '노동의 조건'이라는 이름으로 의미 있는 기획을 시도하였다. 노동의 조건 <1부 죽거나 다치지 않을 권리>에서는 하청 노동자들의 현실을 다루며 하청업체의 열악한 작업 환경을 다룬 데 이어, 노동의 조건 2부에서는 우리 주변에 늘 있었지만, 모두 한 번쯤 외면했던 사람들, 가스검침원의 노동 현실을 다루었다.

하루 '3만 6천 7백 걸음'이라는 제목에서부터 검침원 노동의 고달픔이 느껴졌다. 특히 출연한 여성 노동자들의 평균 5천 세대에 이르는 과다한 점검·검침 업무량, 산재 위험, 고객의 성희롱, 성추행, 폭언, 폭행으로부터 쉽게 노출된 채 위험한 노동환경에서 그 무게를 버티고 있었다. 또한 이로 인한 고충, 노조 가입 이후의 해고예고통지, 권고사직 등 처절한 그들의 삶을 보면서 공감하지 않을 수 없었고, 우리 자식들에게는 대물리지 않겠다는 그들의 각오 앞에서 가슴이 먹먹해졌다.

특히 가스검침원으로 일하는 대부분이 여성이라는 점에서 경력단절 여성의 일자리 및 처우 문제, 열악한 여성 노동 현실, 여성 노동에 대해 이야기하는 방송이 드물기에 더욱 의미가 있었다. 흔히 접해왔던, 제3자의 입으로만 떠드는 토크가 아니라, 이동 노동자이자, 방문 노동자이자, 감정 노동자인 그들의 이야기를 직접 들을 수 있었기에 진면모를 여실히 보여주었다고 생각한다.

그들의 열악한 노동 환경, 원청 및 고객센터로부터 검침, 점검 실적률 압박, 노동조합 가입 등의 일련의 상황을 직접 들으며 공감할 수 있어 좋았다. 다만 방송에서 이정미 의원이 도시가스사업 발단, 대기업과 자회사, 전국 238개 고객센터 간, 원·하청관계 등 도시가스 사업구조, 검침원들의 노동환경 개선을 위한 안전점검 적정인원 규정 제정, 새로운 법안제시 등을 다루면서도, 노동의 조건 중 가장 중요한 것 중 하나인 그들의 임금 결정, 구조에 대한 부분의 언급이 빠졌다는 아쉬움이 있다. 이 부분을 추가적으로 언급하였다면 복잡한 원·하청 구조 속에서 희생되는 노동자들의 현실을 보여줌으로써 시청자들에게 시사하는 의미가 있었을 것이다.

도시가스는 필수 공공재로 도시가스회사가 요금을 임의로 정할 수 없고, 도시가스사업법(제20조)[3]에 의거 시·도지사가 가스검침원들의 임금가이드라인이 되는 고객센터 지급 수수료를 결정한다. 검침원은 노동관계법상 사업장 밖 간주근로자로 취급되어 이들의 임금은 대부분이 월급 175만 원, 시급 8,350원(최저임금 2023년 9,620원, 2024년 9,860원). 최저임금 수준이다. 서울시는 생활임금은 고사하고 지급수수료의 총액 관리만 하고 실제 검침원들에게 지급되는 임금은 제대로 관리감독하지 않아 2017년도까지만 해도 구조적으로 매년 6월에서 다음 해 6월로 용역대금이 산정되어 1년의 절반은 최저임금에 미달하는 임금을 지급하고 있는 실정이었다. 구조적 모순으로 인한 이들의 저임금 문제를 다루고, 고객센터 지급수수료에서 인건비를 적정하게 반영할 것을 촉구하는 한편, 노동 환경과 처우 개선 등에 대해 언급하였다면 좋았을 것이다.

도시가스회사 공급비용 산정기준

제 7 조 (영업비용)
영업비용의 각 항목별 산정방법은 다음과 같다.
① 인 건 비
1. 저장·기화부문, 공급관리부문, 판매 및 일반관리 부문별 적정 인

> 원수와 정부의 임금정책 등을 고려하여 산정한다.
> 2. 인건비는 급여 및 임금, 상여금, 제수당 및 퇴직급여를 포함한다.

또한 방송에서 '누군가는 해야 하는 모두를 위한 노동, 함부로 대해도 되는 일은 없다'고 언급한 부분에서 그들 노동의 가치를 다루었다는 점에서 의미가 있었고, 금번 '노동의 조건' 기획 2부에 그치지 않고, 특고종사자 등 소외된 노동계층, 다양한 고용형태의 노동자들을 직접 찾아가 그들의 목소리를 듣는 노동의 조건 시리즈를 기획하면 의미가 있을 듯하다.

거리의 만찬 시청률은 평균 3% 정도로 높지 않다. 하지만 우리 사회가 들여다봐야 할 중요한 문제들을 소재로 선택하고, 그들의 목소리를 진지하게 들어주며, 그들의 아픔, 때로는 눈물을 참을 수 없는 슬픔에 대해 깊이 공감하는 시사예능 프로그램으로서, 공영방송으로서의 KBS의 가치를 높여주고 있다고 생각한다.

여성노동현실에 대한 방송 더 많이 제작해주길…

• • • • •

3·8 세계여성의 날, 제111주년을 맞아 '여성노동현실'에 대해 KBS가 얼마나 깊이 있는 고민을 하고 이를 방송에 반영하는지 살펴보았다.

지난 110주년 세계여성의 날인 2018년 3월 8일 이후, 1년간 KBS가 다룬 뉴스, 인터넷 기사, 시사교양 등을 검색 키워드를 「여성 노동, 여성 노동조건, 여성 근로조건, 여성 임금, 여성 차별, 경력단절, 여성 고용환경, OECD 여성, 여성 채용차별, 워킹맘 육아, 워킹맘 노동」으로 하여 살펴보았다. 생각보다 방영 빈도가 적었고, 깊이 있게 다룬 프로는 거의 없었다.

지난 2월 거리의 만찬에 대한 의견을 제시할 때 가스검침원 노동의 가치를 다룬 편에서 열악한 여성노동현실을 이야기하는 방송이 드물다고 발언하였는데, 이 프로그램 외에는 실제로 거의 찾아볼 수 없었다.[4]

지난 2018년 3월 8일 세계 여성의 날 이후, KBS가 다룬 여성 노동에 대한 뉴스, 인터넷 기사, 시사교양 부문을 구체적으로 언급해보자면, 시사교양 부문[5]에서는 최근 방영한 거리의 만찬, [노동의 조건2 - 3만 6천 7백 걸음](2019. 1. 25.)이 단일 편성으로는 거의 유일했고, 그녀들의 여유만만, '경력단절 여성 특집'(2018. 10. 23.), KBS 영상 한국사, '남녀고용평등법 시행 이후에도 계속된 직장에서의 여성 차별'(2018. 7. 11.)[6], 예능으로는 설 특집 안녕하세요, '남편의 무관심에 독박육아까지 하는 워킹맘'(2019. 2. 5.)이 있었으며,

뉴스 부문에서는 [글로벌24 주요뉴스] 세계 여성의 날… '양성 평등' 촉구(2018. 3. 9, KBS1 뉴스, 비슷한 꼭지로 6회 방영) 이후,

---

여성노동 관련 지난 1년간 KBS 뉴스,

세계 여성의 날…'워킹맘'은 여전히 육아 고민(19. 3. 8, KBS1 뉴스, 비슷한 꼭지로 2회 방영), 실업률 사상 최악…여성 실업 특히 심각(19. 2. 15, 강원 KBS, 비슷한 꼭지로 3회 방영), "출산휴가 쓰겠다니 사표 쓰래요"…첫째 임신 66%가 경력 단절(19. 2. 9, KBS1 뉴스, 비슷한 꼭지로 8회 방영), 나이들수록 남녀 월급 차이 커진다…"다른 출발점에 경력 단절"(19. 1. 31, KBS1 뉴스, 비슷한 꼭지로 5회 방영), "맞벌이 부부 불평등한 가사 노동, 아내 자살 충동 ↑"(18. 12. 18, KBS1 뉴스, 비슷

한 꼭지로 7회 뉴스 방영), 일하는 기혼 여성 37.5%, 경력단절 경험…남녀 고용률 차이 28.5%p(18. 12. 14, KBS1 뉴스), 일자리, 여성이 더 취약(18. 11. 4, KBS 강원 뉴스), "출산하면 자동 휴직 법제화"…저출산 해법 될까?(18. 11. 1, KBS1 뉴스, 비슷한 꼭지로 3회 방영), 몸도 마음도 '만신창이'…웃을 수 없는 '감정노동자'(18. 10. 17, KBS1 뉴스), 가사노동 가치 360조…여성 1인당 한 달 90만 원(18. 10. 8, 9, KBS1 뉴스, 비슷한 꼭지로 9회 방영), "경력 단절 여성 모십니다"…취업문 넓힌 LH '주목'(18. 9. 4, KBS1 뉴스), '경력단절 여성, 정규직으로 모십니다'(18. 8. 30, KBS 창원), 어성 사무직원에 "소에 귀표 달아라!"…부당인사 논란(18. 8. 17, KBS1, 2회 방영), "여성·노동 차별 철폐"…100년을 돌아온 '삼균주의'(18. 8. 15, KBS1 뉴스), "둘째 낳고 싶은 사회 만들자"…저출산 종합 대책 발표(18. 7. 5, KBS1 뉴스), 여성 임금직 40%는 비정규직…그중 절반은 시간제(18. 7. 2, KBS1 뉴스, 비슷한 꼭지로 4회 방영), '여성친화' 기업 늘지만, '유리 천장' 여전(18. 6. 4, 비슷한 꼭지로 4회 방영 KBS1 뉴스), "직장 내 남녀차별 금지"…내년부터 5인 미만 전 사업장까지(18. 5. 21, KBS1 뉴스, 비슷한 꼭지로 3회 방영), 인권위 "남녀 임금 격차 33.3%"…승진해도 해소 안 돼(18. 5. 17, KBS1 뉴스, 비슷한 꼭지로 3회 방영), "아픈 노부모 돌보는 근로자의 86%가 여성"(18. 4. 21, KBS1 뉴스, 비슷한 꼭지로 5회 방영), [글로벌24 이슈] "성별 임금 격차도 해소하라"… 이번엔 '페이 미투'(18. 4. 5, KBS1 뉴스), 노사정 대화 물꼬… '비정규직·여성 참여'(18. 4. 4, KBS1 뉴스, 비슷한 꼭지로 4회 방영) 등.

총 23건의 주제가 있었고, 중복방송까지 포함하면 총 76회 방송되었다. 인터넷 기사는 '여성 노동자, 진급 기대도 낮고 성과급도 덜 받는 "이중차별"'(2019. 3. 6.) 등 26건이었다.

여성노동 관련 지난 1년간 KBS 인터넷 기사,

세계은행 "덴마크, 프랑스 등 6개국만 남녀 동등한 노동권 보장"(19. 3. 3, 인터넷 기사), 한국 여성 저임금 노동자 비율 35%, "여전히 OECD 최고 수준"(19. 2. 25, 인터넷 기사), 중소기업 직장맘 "일·가정 균형 어려워" 고충 토로(19. 2. 20, 인터넷 기사), 콜센터 노동자들 "열악한 노동환경 개선해 달라"…인권위 제소(19. 1. 9, 인터넷 기사), 자녀 많거나 어릴수록 여성 고용률 하락(18. 12. 7, 인터넷 기사), 국내 500대 기업 여성 임원 비율 3%…3곳 중 2명은 '0명'(18. 11. 29, 인터넷 기사), "임신하니 회사 그만두라고 해"…여성들이 털어놓은 성차별(18. 11. 28, 인터넷 기사), 시민단체 "채용 성차별 의심 회사 광범위 조사해야…근본 대책 필요"(18. 10. 31, 인터넷 기사), 최영애 인권위원장 "혐오·차별 대응 특별전담팀 만들어 적극 대처"(18. 10. 15, 인터넷 뉴스), 세계 여성의 날…'워킹맘'은 여전히 육아 고민(19. 3. 8, KBS1 뉴스, 비슷한 꼭지로 2회 방영), OECD 하위권 女경활률 높이려면 "보조금 주고 임금차 줄여야"(18. 8. 7, 인터넷 기사), "주거·육아부담 줄여 저출산 해결"…저출산 종합대책 발표(18. 7. 5, 인터넷 기사), 통계로 본 한국의 여성 "안전·일자리 모두 불안"(18. 7. 3, 인터넷 기사), [그래Pick

> 뉴스] 여성 임금 아직도 남성의 67.2% 수준(18. 7. 3, 인터넷 기사), 헌정회 저출산 토론…"남성 돌봄 참여 확대 등이 대안"(18. 6. 28, 인터넷 기사), 전국여성노조 "최저임금 올리고 최저임금법 개정안 폐기해야"(18. 6. 27, 인터넷 기사), ILO 총회서 민주노총 "최저임금 제도 개악"…노동부 "여성 지원 확대"(18. 6. 5, 인터넷 기사), 금융공기업 남녀 평균 보수 3천만 원 차이…채용도 여전히 男 > 女(18. 5. 28, 인터넷 기사), 맥킨지 "한국 성별 임금격차 아시아에서 가장 커"(18. 4. 25, 인터넷 기사), 北도 여성인력 활용 관심… '일·가정 양립' 필요성 거론도(18. 4. 5, 인터넷 기사), 文대통령 "최소 맞벌이 부부 자녀만이라도 정부가 돌봄 지원해야"(18. 4. 4, 인터넷 기사), 경제활동참가율 남녀격차 OECD 4위…'경단녀' 급증 영향(18. 3. 18, 인터넷 기사), 서울 지하철역에서 '직장맘' 찾아가는 노동상담(18. 3. 13, 인터넷 기사), "고용부, 성희롱·성폭력 주무부처 책임 다해라"(18. 3. 13, 인터넷 기사), 인천 여성단체 "공공부문부터 성별 임금 격차 해소해야"(18. 3. 7, 인터넷 기사) 26건임.

타 방송사 SBS, MBC도 살펴보았는데 뉴스의 경우 큰 차이가 없었으며, 시사교양의 경우 SBS는 지난 SBS 생활경제, '엄마의 도전! 워킹맘 되는 법(경력단절은 이제 그만! 엄마들의 '워킹맘' 도전기)'(2019. 2. 13.), SBS 스페셜, '앵그리맘의 반격(저출산 해결 위해 12년간 쏟아부은 돈?…126조 원의 미스터리)'(2018. 5. 14.)로 2건이 있었고,

MBC의 경우 생방송 오늘아침, '집에서 100만원 버는 비결(2019. 1. 8.)', 생방송 오늘저녁, '여성 창업시대 경력단절 여성 190만 시대, 연매출 1억 4천만 원 고수익'(2018. 3. 6.)에 대해 알아보는 프로 등 주로 경력단절여성의 일・가정양립을 도모하는 프로그램 위주였다. 결국 타 방송사와 뉴스, 시사교양 부문에 있어서 큰 차이가 없었다.

여성노동 관련 프로를 모니터하며 포착한 여성노동 관련 핵심 키워드는 남녀 임금격차 1위, 여성 경제활동참가율 저조, 높은 비정규직 비율, 채용, 임금 및 승진에서의 차별, 여성의 경력단절[7]이었다. 이러한 여성노동 문제 관련 키워드는 지난 수십 년간 되풀이되어왔다.

한국 노동시장에서의 부인할 수 없는 OECD 1위의 남녀 임금 격차, 여성 노동자의 절반에 가까운 인원이 비정규직이며 이들 중 80%가 최저임금 영향권에 속해 있고, 경력단절, 모집, 채용, 승진, 보상 수준에서의 성차별, 법정 최저수준의 임금이 아닌 평균임금이 된 최저임금, 직장 내 성희롱, 직장 내 폭언 및 괴롭힘, 출산휴가 및 육아휴직 사용을 이유로 한 불리한 대우 및 퇴사 압력, 부당해고 등 불안한 고용문제 등 노동환경은 여성에게 여전히 가혹한 것이 현실이다.

앞으로는 노동환경에서의 양성평등 실현을 위해 KBS가 현재의 상황과 정보를 전달하는 수준에만 그치지 말고, 이를 진지하고 깊이 있게 고민하여 사회적 공감대를 형성하고 더 나아가 정책 마련과 개선안 등 대안까지 제시할 수 있는 더 좋은 프로그램을 많이 제작해주길 기대한다.

<KBS 뉴스9>, 외국인 계절근로자 제도
제도 보완책에 대한 멘트의 아쉬움

• • • • •

외국인 계절근로자 프로그램은 농·어번기의 고질적 일손 부족 현상을 해결하기 위해 단기간 동안 외국인을 합법적으로 고용할 수 있는 제도이다. 계절근로자를 도입하고자 하는 시·군·구 기초자치단체가 도입 주체가 된다. 농업의 경우 계절성이 있어 원칙적으로 3~5개월 이내의 단기간에 노동력이 집중적으로 필요한 업종 등 법무부장관이 인정한 업종이어야 한다.

KBS 9시 뉴스는 '외국인 계절근로자… "농가 만족도 높아"'라는 꼭지로 외국인 계절근로자 제도 시행과 관련한 뉴스를 보도하였고, 이주 노동자의 과도한 근로시간, 열악한 근무 조건, 임금 체불 등 제도 보완문제를 다루었다. 외국인 계절근로자 제도는 시행 3년째이며 매년 법무부가 행안부, 고용부, 농식품부, 해수부가 외국인 계절근로자 배정심사 협의회를 개최하여 매년 반기별로 외국인 계절근로자 수를 확정하고, 전국 지자체로부터 신청을 받아 계절근로자(C-4비자 : 90일 체류 외국인 단기 취업비자) 도입을 합법적으로 허용하는 제도이다.

외국인 고용 허가기간이 기본적으로 3년에, 연장 1년 10개월, 총 4년 10개월의 장기간 고용 허가기간이 주어진다는 점에서 재배작물의 종류에 따라 농번기와 농한기가 뚜렷하게 구분되는 농업 분야에서는 다소 맞지 않는 측면이 있다.

그런 면에서 이번 외국인 계절근로자 관련 KBS 안동, 포항, 대구 보도는 인력난에 어려움을 호소하는 농가에 꼭 필요한 부분이고 이 제도를 적극 활성화한다는 측면에서는 바람직할 것이다. 다만 이날 사과를 재배하는 농민 인터뷰 중에서 "저희 하는 일이 전부 힘들어요. 외국인들이 와서 시간 지나도 일해주니까 인건비가 한 50% 절감돼요."라는 부분이 있었는데, 농업 분야는 근로시간 적용제외 업종으로 1주간 근로시간의 제한이 없고, 휴게, 주휴일 미적용 업종에 해당하여 연장수당, 휴일수당 미지급, 가산수당 없이 노동시간당 임금 100%만 지급하면 된다.[8] 따라서 이날 인터뷰 멘트 중 외국인 노동자는 '시간이 지나도 일을 해준다, 인건비 50%가 절감된다'는 부분은 외국인 계절근로자 제도가 오히려 단기간 외국인 인력을 활용함으로써 노동법 위반을 전제로 악용될 소지를 불러일으킬 수 있다.

바로 이 멘트 뒤에 올해부터 계절 근로자 제도 보완책을 마련한다는 보도 내용이 있었지만, '일을 과다하게 시킨다든지, 숙식 공간 미비시 제외'라는 다소 애매하거나 직접적인 근로조건 침해 성격이 희석될 수 있다는 점에서 뉴스 보도가 좀 더 심층적이지만 명료하게, 예를 들어 "올해부터는 계절근로자에 대한 임금체불 등 노동법 위반행위를 막기 위한 제도 보완책도 마련했다. 사전에 정해진 노동시간을 초과한 근로에 대한 시간당 임금을 미지급하거나…" 등으로 명확하면 좋았을 것이다.

5월 1일 노동절 or 근로자의 날
'노동'. '근로', '노동절', '근로자의 날' 등 용어 혼용에 따른 설명의 필요성

● ● ● ● ●

지난 5월 1일은 제129주년 노동절이었다. 노동절을 맞이하여 KBS 방송 편성을 살펴보았다. 시사교양 부문에서는 오늘밤 김제동, '노동절 특집, 무엇이든 물어보세요', 뉴스 부문에서 노동절 기념 집회를 방영하는 정도였고, 지역방송인 창원 KBS가 '노동자의 도시, 여기는 창원입니다.'를 노동절 특집으로 6시간 연속 방송하였다.

5월 가정의 달이어서 어린이날 프로그램 편성 등 다른 여러 이슈들이 많아서 그런지 노동절 관련 프로는 거의 없었을 뿐만 아니라, 뉴스[9], 시사교양, 라디오 등을 모니터링하면서 '근로자, 노동자, 근로자의 날, 노동절'이라는 용어가 혼재되어 있는데 노동절 기념특집을 통해 이러한 용어 사용에 대한 사회적, 시대적 배경을 설명하여 시청자에게 혼돈 사용에 대한 이해를 구하면 어떨까 싶었다.

특히 KBS1 라디오 "최경영의 경제쇼, 노동절 특집 미생들의 슬기로운 직장생활 편"에서 노동과 근로의 뜻에 대해 언급하였는데 방송 내용 중 노동의 뜻은 '마음과 몸을 써서 일한다', 근로의 뜻은 '심신을 수고롭게 하여 일에 힘쓰다.'라고 언급하여 두 가지 뜻이 크게 다르지 않다고 하였다. 그러면서 '근로자의 날은 귀에 익고, 노동절이라는 말은 약간 낯설다. 왠지 좌파인 거 같고 꺼림칙하죠?'라고 덧붙였다. 이는 정확한 노동과 근로의 뜻도 아닐뿐더러 청취자에게는 더 큰 혼란을 줄 수도 있는 내용이다.

국립국어원 표준국어대사전을 보면 '근로'는 부지런히 일함으로, '노동'은 생활에 필요한 물자를 얻기 위하여 육체적·정신적 노력을 들이는 행위로 정의되어 있다. 근로(勤勞)는 사용자의 입장에서 부지런함, 근면성을 강요하는 표현이라면 노동(勞動)은 노동자의 능동성[10]에 방점이 찍혀 있다.

1923년 5월 1일 우리나라 최초의 노동절 기념 이후, 일제의 탄압에도 불구하고 계속 전개되어 왔고 이승만 정권 시절인 1957년 대한노총(한국노총의 전신)의 창립기념일인 3월 10일로 날짜를 바꾸었으며, 박정희 정권에서는 1963년 '노동절'이라는 명칭을 '근로자의 날'로 바꿨다.[11] 군사정권에 좌우 개념이 더해진 것인데, 1963년 근로자의 날 제정법안 입법취지를 보면 '공산진영에서 이날을 정치적으로 역이용한다'고 하며 노동절이 근로자의 날로 이름이 바뀐 것이다. 문민정부 집권기인 1994년 노동절은 5월 1일을 되찾았으나 그 명칭은 여전히 '근로자의 날' 그대로 사용하고 있다. 법률상의 명칭 또한 '근로자의 날 제정에 관한 법률'에 의거 근로자의 날이다.

5월 1일 노동절을 맞이하여 여전히 법률 명칭이 근로자의 날인 노동절에 대한 시대적 의미를 되짚어 보고, 방송에서도 이렇게 혼재하여 사용 중인 것을 특집이던 뉴스의 한 꼭지로 다루어 시청자들의 혼란을 덜어주면서, 전 세계 공통적으로 쓰고 있는 노동절로의 용어 통일 사용 및 관련 법 개정 필요성 등을 언급하였다면 시청자들도 노동절의 의미를 되새길 수 있었을 것이다.

<회사 가기 싫어>, 회사가 당신을 해고하는 101가지 이유

● ● ● ● ●

KBS 2TV '회사 가기 싫어'는 회사 가기 싫은 사람들의 아주 사소하고도 위대한 이야기를 그리는 초밀착 리얼 오피스 드라마다. '회사 가기 싫어'에서는 시청자들이 한 회 한 회에 오롯이 몰입할 수 있도록 회차별 에피소드에 중점을 두었다. 누군가를 혼내고 혼나는 피상적인 이야기가 아니라 실제 나와 회사 그리고 회사 생활에 대해 생각해볼 수 있는 이야기가 담길 수 있도록 하였다.

시즌 1이 실제 직장인들의 이야기를 재구성한 시트콤 형식 안에 직장에서 벌어지는 현실적 상황과 문제, 사회 현상과 노동 정보 등을 짚어내는 다큐 요소를 버무려 직장인을 위한 '사이다'가 되겠다며 야심찬 출발을 하며, 직급 호칭 폐지, 서열식 회식문화, 업무 인수인계와 같은 조직문화, 근로시간 단축, 주 52시간제 시행, 근로시간과 휴게시간 구분 등 근로시간 문제, pc-off제, 자율 출퇴근제 등 전반적인 노동 현장 상황을 담았다면, 시즌 2

는 좀 더 드라마 같은 요소가 짙어져서 시청자로서 편안하고 안정된 느낌이 들었다.

시즌 1에 대해 한 회 한 회 너무 많은 정보, 주제, 이슈와 이야기를 담다 보니 초반의 신선함이 오히려 산만한 감으로 다가온다. 화면 컷이 너무 자주 바뀌어 주제에 대한 정확한 정보 전달과 몰입감을 주기에 어려움이 있다고 하며, 조직 문화, 리더십, 회사 복지, 비정규직 문제, 여성, 직장 내 성희롱 등 '좀 더 특정 주제를 가지고 집중하는 게 어떨까' 하는 제안을 했는데, 시즌 2는 한 회 한 회 뭔가 큰 그림을 가지고 마음속 잔잔한 울림을 주는 것 같다.

특히 "회사가 당신을 해고하는 101가지 이유"에서 그러한 울림을 받았다. 한다스 구조조정으로 영업기획부에서 누군가 한 명을 대상자로 올려야 하는 상황. 이 과정을 1시간여 동안 생생히 보여주며 마치 그 상황에서 당사자가 된 듯한 착각이 들었다. 특정된 주제에 집중하여 조명하는 방식이 좋았다. 그리고 무거운 주제 속에서 월급루팡, 존버, 소확행 등 깨알 같은 직장생활 용어 노출로 재미를 잃지 않으려 한 것도 긍정적으로 보였다.

특히 가장 인상 깊었던 것은 '세 개의 눈'에서 보여준, 해고를 바라보는 외국인의 시선과 우리의 시선 사이의 차이였다. 우리에게 해고는 삶의 끝, 낙인, 재기 가능성 없는 낙오자라는 인식이 강하지만, 외국인 패널 출연자들 그들의 나라에서는 '당신과 내가 맞지 않다는 것이고 그래서 더 맞는 회사를 찾아 보내준다(to be let go)'는 것을 의미한다.

즉 노동시장의 상황과 상호 간의 인식이 다른 것이다. 채용, 취업의 기회가 많고, 노동시장이 유연한 나라에서는 언제든 회사를 그만둘 수 있고 이직할 수 있지만, 우리나라와 같은 경직된 노동시장에서 해고는 커리어의 끝, 인생의 끝이라는 인식이 강하다는 것이다.

드라마에 나왔던 것처럼, 한번 미끄러지면 다시는 올라갈 수 없는 한국 미끄럼틀 사회에서, 점점 노동시장이 유연한 방향으로 변모하고 그에 따라 높은 미끄럼틀에서 내려왔을 때 엉덩이가 덜 아픈 방법을 이 사회가 알려주며, 노동자의 인식이 변화하고, 중간중간 완충장치를 제공해줘야 한다는 부분에서 우리 노동시장이 나아가야 할 방향에 대한 시사점을 던져주어 좋았다.

앞으로 '회사 가기 싫어'처럼, KBS의 이러한 형식에 얽매이지 않는 다양한 요소, 형태로의 결합, 그러한 중에 커다란 공감과 울림을 주는 신선한 시도가 계속되었으면 한다.

〈KBS 열린토론〉, 강사법 파행 막을 대안은?

• • • • •

　고등교육법(일명 '강사법')이 2011년 개정 후 7년간 4차례나 시행이 유예되었다가, 2019년 8월 1일 전면실시를 앞두고 있다. 개정 고등교육법의 주요 내용은 대학은 강사에게 교원의 지위를 부여하고, 공개채용에는 신규임용 포함 3년까지 재임용 절차를 보장하며 평가 기준을 충족하면 3년까지 임용을 보장받을 수 있고, 방학 기간 중 임금을 지급하도록 한 것이다.

　〈KBS 열린토론〉에서 '강사법 파행 막을 대안은?'이라는 제목으로 토론을 진행한다기에 관심을 가지고 청취하였다.

　패널은 최은옥 국장(교육부 고등교육 정책관실), 이필환 교무처장(대구 계명대), 임순광 자문위원장(한국비정규교수 노동조합), 이용호 변호사(전 대학강사제도 개선협의회 위원장)로 교육부, 대학, 노조, 변호사 등 각 패널

이 각기 다른 입장을 피력할 수 있는 위치에 있어 균형이 맞아 보였다.

 방송을 시작하면서 일반 청취자의 의견이 먼저 나왔는데 '강사의 시간당 급여가 낮다, 여러 학교를 다니면서라도 생계를 유지해야 하는 실정, 대학이 하향산업이고 학생 수가 적어지고 있으며 비용부담 우려에 시간강사를 많이 임용하지 않으려는 움직임에 개선이 필요하고 기존 기득권 파이를 나눠 개선해야 하지 않을까 하는 의견, 시간강사의 처우개선 부분, 고용안정성이 떨어지므로 만족스러운 근로조건을 제시하면 결국 학생 만족이라는 긍정적 방향으로 작용하지 않을까 하는 의견, 시간강사들에 대해 장기석으로 정교수 형태 등 향후 플랜을 제시해야 한다는 등'의 다양하고 현실감 있는 문제 제기 등을 한 인터뷰 내용에 시작하면서 더욱 흥미를 가지고 청취하였다.

 초반 멘트에서 "살아 있습니다. 토론이 살아 있습니다. 토론은 라디오가 진짜입니다."라며 시작하였는데 결론적으로 토론의 내용은 강사법 시행관련 '그간의 경과보고 내지 교육부 시간강사 지원대책 홍보 자리'인 듯했다.

 정준희 사회자가 안정감 있는 진행 능력으로, "강사법 파행 막을 대안은?"이라는 토론을 이끌었지만 「파행이 무엇인지, 그 대안은 무엇인지」에 대한 뚜렷한 목적의식이 없는 토론인 듯하였고, 강사법 시행관련 "파행을 막을 대안"을 제시하는 수준의 토론은 아니었다고 본다.

구체적으로 언급하면, 사회자의 "대학의 조치들이 안타까웠다. 어떤 조치들을 취하고 있나?"라는 질문에 패널들은 '대학의 자구책이 보수적이며 소극적으로 대응 중이다.'라고 답변하고, "(대학-강사-전문가 협의회에서의) 합의 정신에 어긋난 예는 어떤 것들이 있나?"라는 질문에 '꼼수, 탈법 조치들을 취하고 있다.'라고만 답변하였다. 대학의 보수적, 소극적, 꼼수, 탈법 조치들이 무엇인지 구체적인 언급 없이 절제된 듯한 토론이었다.

특히 토론의 쟁점이 있기보다는 합의로 마무리하는 느낌이 들었는데, 대학의 재정 부담이 강사법 시행 문제의 본질이 아닌 것으로 섣불리 결론지으며, 토론이 흘러갔다. 재정 부담과 관련하여 사회자가 패널 이필환 교무처장에게 질문했지만, "아직 모른다, 얼마나 부담이 갈지 모른다, 아직 확실한 게 없다."고만 답하였을 뿐, 청취자로서 안개 속을 걷는 듯한 느낌이었고 '도대체 강사법이 뭐가 문젠데?'라는 의문이 들 정도였다. 물론 강사의 퇴직금이나 건강보험관련 교육부(안)이 명확치 않아 발생한 혼란은 이해할 수 있다.

현재 교육부의 입장으로도 1년 동안 방학 기간에 해당하는 4주분의 임금 지급을 학교의 명확한 재정 부담으로 보고 있다. 이 부분도 수치화 가능할 것이다. 방송에서 강사법 시행의 문제는 대학의 재정부담이 아니라 '행정 부담과 미래에 있을 불확실한 상황'으로 인한 대학의 거부감이라고 설명하나, 미래에 있을 불확실한 상황은 현재는 보류되고 있는 교육부 지침에서 건강보험 및 퇴직금 지급, 교원 지위 인정으로 인한 계속근로 가능성(교원소청심사청구 등)일 것이다. 건강보험은 보수(강사료)의 6.46%(각

3.23%, 장기요양보험료 4.255%), 퇴직금 8.3%의 부담으로 월간 인건비의 11.53% 단순 수치로도 가능하다. 전국 강사 수 6만 5천 명, 전국 대학 수 440개(이중 사립대 390개)이므로 시간당 강사료의 평균값을 구하면 각 대학의 재정부담은 간단히 수치화할 수 있는 것이다. 정확한 수치가 아니더라도 방송 중 이러한 내용을 언급하였다면 과연 강사법 시행에 대해 왜 파행이 운운되는지 알 수 있었을 것이다.

토론의 내용 중 한 대학이 방학 기간 중 임금 지급을 위해 8개월분 임금을 12개월로 쪼개 분할하여 지급하는 강사계약서를 체결하였다는 실태를 언급하였는데 이러한 강사법 시행에 맞선 각 대학의 대응방식을 케이스별로 구체적으로 언급하였다면 강사법의 애초 취지가 무색해지고 강사법 시행에 앞서 자구책은 없고 꼼수만 난무하는 대학의 조치들, 그 민낯을 알 수 있었을 것이다.

방송에서 강사법 파행을 막을 대안은 교육부의 강사 지원 대책이 주였고, 행정 절차의 부담, 채용 절차의 공정성 및 간소화로 토론이 흘러가며 4명 패널의 마무리 발언은 임위원장 외에는 강사법 제도 정착을 위해 모두 노력해야 한다는 다소 두루뭉술한 결론으로 마무리 지었다.

최근 시청 내지 청취한 토론 프로그램 중, 이날 〈KBS 열린토론〉은 사회자의 깔끔한 진행, 적절한 질문, 패널 구성의 높은 균형과 안정감 등 수준 높은 토론이었다. 다만 해당 프로가 유튜브로 방영된다고는 하나, TV 프로처럼 시청자에게 도표나 가시화하는 데에 한계가 있는 라디오로서 청취자에게 이해가 쉽고 좀 더 생동감이 있는 실체적 진실과 면밀한 현황 파악 및 전달, 문제 해결 노력이 부족한 듯하여 아쉬움이 있다. 앞으로도 품격 있는 토론 프로그램으로서 〈KBS 열린 토론〉이 '살아 있는 토론은 라디오가 진짜'임을 계속하여 보여주었으면 한다.

<김경래의 최강시사>, 대법원 '톨게이트 요금수납원 직접 고용해야' 판결

· · · · ·

　대법원은 2019년 8월 한국도로공사가 외주용역업체 소속 톨게이트 요금수납원들을 직접 고용해야 한다고 판결했다.[12] 톨게이트 요금수납원들은 한국도로공사와 통행료 수납업무 용역계약을 체결한 외주사업체 소속으로 통행권 발행·회수와 통행료 수납업무, 하이패스 관련 업무, 제한차량 관련 업무, 미납차량 적발 업무를 해왔다. 도로공사측은 외주용역업체가 독자적으로 노동자를 채용하고 있고 그들이 운영하는 사업체 역시 독자적인 조직체계를 갖추고 있어 파견계약으로 볼 수 없다고 주장했다. 하지만 대법원은 요금수납원 368명이 도로공사를 상대로 청구한 근로자지위확인 등 소송에서 도로공사가 수납원들의 업무처리 과정에 관여하여 관리·감독했다고 볼 수 있다고 판단함에 따라 도로공사는 이들 300여 명을 직접 고용해야 할 의무가 생겼다.

KBS1 라디오 〈김경래의 최강시사〉는 대법원 판결 바로 다음 날 이 문제를 시의성 있게 다루었다. 방송에서 대법원 판결의 의미, 톨게이트 수납원들이 원래 직접고용형태였다가 용역업체 비정규직으로 전환되었던 2008년 당시 사회적 배경 및 연혁, 1, 2심 판결, 정부의 비정규직 정규직 전환 가이드라인에 이르기까지 전반적인 사항을 언급하였다.[13]

특히 파견, 도급, 외주, 용역, 불법 파견, 위장도급 개념 등을 책 만들기, 현대차 바퀴 제조 등 쉬운 예를 들어 설명하였기에 청취자들 이해에 도움이 되었을 것이다. 도로공사 톨게이트 수납원이 2008년 용역업체로 소속 비정규직으로 전환 후, 끊임없이 사회 문제로 제기되어 왔고, 2013년 근로자지위확인소송 이후 2019년 최종 대법원 판결이 있기까지 상당히 많은 시간과 노동자들의 눈물이 서리어 있고 아직도 일부 노동자들은 서울톨게이트 지붕 위에서 고공농성 중이다.

그만큼 국민들의 이목이 집중되어 있는 사안이며, 그간 여러 방송을 통해서 이들의 고용불안, 불법 파견, 위장도급에 대한 권리 보호 필요성 등 국민적 공감대는 충분하다고 본다. 다만, 현실적으로 하이패스, 무인화 수납, 자동화 시스템 도입 및 2022년 스마트톨링 도입으로 앞으로 수납 인력이 필요하지 않다는 국민 일반 여론이 형성되어 있고 수납원 비정규직 정규직 전환 사업에 대해 '공사 입사를 위해 수백대 일의 경쟁률을 뚫고 왔다. 시험봐서 입사해라.' 등 비난 여론도 있는 것이 사실이다.

방송에서도 사회자가 게스트 안진걸 소장에게 이러한 취지로 수납 무인화시스템에 따른 인력 감축 필요성에 대해 질문했다. 이에 대해 안진걸 소장은 수납원들이 대부분 40대, 50대고 곧 정년퇴직이 시작되며, 어차피 줄게 되어 있다, 도로공사 업무가 방대하고 필요시 업무전환 유연화 입장을 가지고 있다, 생각처럼 그 문제는 심각하지 않다고 답하였지만 청취자 입장에서는 설득력 있게 다가오지 않았을 듯하다. 수납원들이 정년이 얼마 남지 않았고, 1년이든 2년이든 근무 후, 명예롭게 퇴직하고 싶어 한다는 부분을 다시 한번 강조하여 언급하며 이들 인력 자연감소를 전제로 무인화 시스템에 따른 인력 구조조정 문제는 크지 않다고 단정 지었다. 그렇지만 스마트톨링 도입 등 피할 수 없는 무인화의 흐름 속에서 청취자의 의문을 해소시키기에는 충분치 않다고 본다.

〈거리의 만찬〉 고속도로 로망스 편에서도 이와 같은 무인화에 대비한 인력 문제에 대해 수납원들이 직접 나와 본인들은 수납 업무 외에도 톨게이트 안 전반적인 경호, 경비 총괄, 과적, 적재 불량 차량 적발, 회차 유도, 사무실 안내, 재진입 안내, 하이패스 미처리된 차량 처리, 차량 매매로 인한 차량 이전정보 변경 업무, 충전 업무 등 다양한 업무를 하고 있음을 피력하고, 본인들이 원하는 것은 고용안정임을 강조하였다.

물론 15분이라는 짧은 방송 시간 동안 톨게이트 수납원 대법원 판결 내용, 불법 파견, 위장도급의 시대적 배경, 판결 이후 직접고용, 무인화에 따른 인력재배치 등 모든 사안을 두루 다루기는 충분하지 않을 수 있다. 다만 수납원들의 직접고용에 대해서는 공감은 하지만 일반 청취자 입장에서 디지털 기술 발전으로 전 세계적으로 피할 수 없는 무인화 흐름 속에 기존 수납원 인력을 어떻게 할지가 가장 큰 관심사 중 하나가 아닐까 싶다. 무인화에 따른 인력 문제를 아예 언급하지 않았으면 모를까, 이런 중요 사항을 정년퇴직으로 인한 자연감소로 단정 지으며 큰 문제는 없다고 답변한 데에는 아쉬움이 있다.

스마트톨링 무인화 서비스 도입에 어떻게 대응할지, 그들 인력이 필요 없는 것은 아닌지에 대한 청취자들의 의구심을 구체적 예를 들어 조금이나마 해소시켜 주었으면 어땠을까 한다. 또한 더불어 인공지능을 포함한 기술의 발전으로 현재 직업의 상당수가 무인화로 대체되는 자연스러운 현상을 큰 흐름으로 보고 이 문제를 지속적으로 다루는 프로그램이 필요하다.

〈KBS스페셜〉, '3.6%가 말하는 것' 사표 쓰지 않는 여자들

• • • • •

캘리포니아는 캘리포니아 주 내 본사를 둔 상장사 이사회에 여성을 반드시 포함하도록 하는 법안을 2018년 통과시켰다. 세계적인 의결 자문사인 ISS(Institutional Shareholder Services) 또한 2018년 말 발표한 가이드라인을 통해 2020년부터 미국과 캐나다 기업을 대상으로 성별 다양성 정책을 적용할 것이라 공식적으로 밝혔다. 이렇듯 이미 해외에서는 많은 국가가 여성 인력의 중요성에 대해 인지하고 관련해서 활발한 움직임을 보이고 있다. 그렇다면 대한민국은 어떤 변화의 움직임을 보이고 있을까? 지난해 매출액 500대 기업 중 여성 임원 비율은 단 3.6%. KBS 스페셜에서는 자신의 분야에서 열심히 일하고 있는 한국 여성들의 모습과 함께 현 여성 인력 실태를 다루었다.

OECD 1위의 남녀 임금 격차, 여성노동자의 절반에 가까운 인원이 비정규직이며 이들 중 80%가 최저임금 영향권에 속해있고, 경력단절, 모집, 채용, 승진, 보상 수준에서의 성차별… 한국 노동시장에서 부인할 수 없는 여성 노동 현실이다. 금번 KBS스페셜에서는 단순한 경력단절 여성 문제가 아닌 '500대 기업 여성 임원 비율인 3.6%'라는 수치를 상징성 있게 제시함으로써 한 차원 깊게 문제를 다루어 의미가 있었다.[14]

현재 500대 기업 여성 임원, 경력 이탈의 갈림길에서 고민하는 여성, 조직 내에서 유리천장을 뚫지 못하고 퇴사한 여성들을 직접 인터뷰하며 한국 사회에서 여성이 그들의 커리어를 유지, 발전하기 위해 어떤 과정과 어려움을 겪고 있는지 현실감 있게 잔잔히 그려냈다.

다만 방송 첫 부분과 마지막 부분에 골드만삭스, 캘리포니아주 등의 예를 들며 '이사회에 여성이 참여할수록 성공률이 높아진다. 골드만삭스가 여성들이 운영하는 스타트업에 1억 달러를 배당했다. 전 세계적인 자본의 흐름이 변하고 있다. 지속 가능한 발전을 위해 여성 인력에 주목해야 한다. 노동시장의 성평등을 통한 여성 참여율을 높이면 부가가치로 이어지며 세계 기관투자자들이 성 다양성을 잘 확보한 기업에 투자하기 시작했다.'는 멘트를 하였는데 실제 근거나 사례를 제시하지 않고 단순 멘트에만 그쳤다는 점에서 아쉬움이 있다.

서구의 연구 결과만 보여주거나, 여성 임원, 경력단절 기로에 있는 여성, 경력을 포기한 여성의 인터뷰에 그치지 않고, 실제 케이스를 보여주고, 경력단절 없는 좋은 일자리, 여성 임원 비율이 높은 기업에 직접 찾아가 그들이 어떠한 제도와 기업 문화 속에 근무하고 있는지 보여주었다면 더 좋았을 듯하다.

　예를 들어 「남녀고용평등과 일가정 양립 지원에 관한 법률」에 현존하는 남녀 간의 고용차별을 없애거나 고용평등을 촉진하기 위하여 잠정적으로 특정 성을 우대하는 조치인 적극적 고용개선조치 제도가 있다. 지속적인 국가 및 기업의 성장을 위해서는 여성고용이 확대되어야 한다는 취지 아래 500인 이상 기업, 공공기관 등에 여성근로자 및 여성 관리자 임원 기준 비율을 업종별로 제시하고, 직종별·직급별 남녀근로자 현황을 제출하게 함으로써 이를 충족하지 못하는 기업에 대해 적극적 고용개선조치 미이행 사업주 명단 공표 등 일정한 제재를 가하고 있다.

　실제 이 프로의 제목인 '3.6%'는 남녀고용평등법상 적극적 고용개선조치 제도상의 여성관리자 고용기준에서 비롯된 수치이며, 이 제도는 2007년 12월 최초로 도입되어 시행 12년차를 맞고 있어 그간의 행적을 간단히 언급하였어도 전체적으로 의미가 있었을 것이다.

　그럼에도 불구하고 노동 환경에서의 양성평등 실현 및 사회적 공감대를 형성하기 위한 KBS의 진지하고 깊이 있는 고민이 충분히 엿보인 의미 있는 프로였다. 방송 내용 중 '#꿈은단절되지않는다'는 인터뷰 대목처럼 앞으로도 여성 노동 현실에 많은 관심을 갖기를 바란다.

<시사기획 창>, 오지 않는 청년의 시간

● ● ● ● ●

    정치권은 청년의 분노를 정쟁에 이용했지만, 청년들이 요구한 일상의 불공정함에 대한 문제 제기는 응답받지 못하고 있다. <시사기획 창>은 20대 국회에서 가장 먼저 발의됐지만 가장 오래 방치된 청년기본법의 상황을 통해 청년 정책의 현실을 짚어보고, 노동조합이 신입사원 채용을 위해 430억 원을 포기한 부산교통공사의 세대 간 연대임금 사례를 통해 청년에게 불공정한 사회를 개선할 방향을 모색하였다.

    요즘 '청년, 공정, 정의' 이슈가 화두다. 기회의 평등함, 과정의 공정함, 결과의 정의로움을 가지고 출범한 정부에서 조국 사태로 촉발된 이슈는 13차례의 촛불집회를 통해 한동안 대한민국을 들썩이게 했다.

    <시사기획 창> '오지 않는 청년의 시간'에서는 이러한 청년들의 세태를 짚어보았다. 특히 대학가 촛불집회에서 대학생들이 요구한 공정에 대한 의

미 파악을 위해 전문 데이터 분석업체를 통해 13차례의 집회, 96번의 발언을 분석하여 진입장벽이 아닌 일상에서 체감하는 불공정한 보상의 경험에 대한 분노였다는 점, 그리고 일각의 주장과 달리 촛불집회에 참가한 대학생의 발언은 정파성이 드러나지 않았다는 점 등을 언급하며 자칫 정쟁에 이용당할 수 있는 청년의 분노를 비교적 차분하고 냉정하게 다루었다.

대기업, 정규직, 노동조합이 있는 좋은 일자리에 1960년대생이 대졸 100%에 더해, 고졸 35%가 입사하였다면 1990년대생은 대졸 53.4%만이 가능하다는 점에서 청년에게 불리한 노동 시장, 저임금 고용 불안 비정규직 일자리, 세대 간 임금 격차 등 구조적인 차별을 받고 있으며, '청년들이 성공하기 위해 가장 중요한 조건은 무엇인가'라는 설문에서 1위가 부모의 재력, 인맥이라는 응답이었다는 점, 흙수저, 은수저, 금수저, 크리스털 수저 등 수저 계급론, 헬조선, 탈조선을 외치는 세태를 여실히 방영했다.

특히 청년들이 외치는 것은 민주, 반민주, 진보, 보수의 구도, 정치 민주화의 문제가 아니라 자신들이 마주한 공정과 불공정의 문제라는 점, 자신들의 노력에 대한 정당한 보상을 원하고 있지만, 그러한 보상이 주어지지 않고 있다는 일상에서의 불공정 인식이 촛불집회의 원인이라고 한 점도 문제의 본질을 짚어주었다는 점에서 좋았다.

20대 국회에서 가장 먼저 발의됐지만 가장 오래 방치되고 있는 청년기본법을 통해 청년 정책의 현실을 짚어보고, 노동조합이 신입사원 채용을 위해 통상임금 승소를 통해 받을 수 있는 금액을 양보한 세대 간 연대임금 부산교통공사 사례에서 청년에게 불공정한 사회를 개선할 방향을 모색했다는 점에서 의미가 있었다.

또한 지금까지의 청년 정책은 복지에만 집중되었고, 실업급여대상 확대 등 고용정책 중심이었다면 이제는 청년들이 왜 그러한 실업에 처해 있는지 거시적 관점에서 분석하고, 사회 구조적으로 근본적인 변화를 꾀해야 한다는 인터뷰 내용도 저임금 고용 불안, 비정규직 정규직 희망고문에 내몰린 청년의 삶에 대한 고민을 담았다는 점에서 의미가 있었다.

우리 사회는 곳곳에 견고한 기득권층이 버티고 있고, 그들은 청년들에게 그 자리를 내어주지 않는다. 예를 들어 법무사, 세무사, 노무사 등 전문자격증은 아직도 일정 기간 부처 공무원으로 근무하고 요건을 충족하면 자격증을 발급해주고 있다. 물론 예전보다 그 요건은 까다로워지긴 했지만, 이들은 평생 공무원으로 따뜻한 일자리를 보장받은 후 퇴직 후에도 공무원연금을 받으며 생활한다. 이들 전문자격증 취득경쟁률은 수십 대 일에 달하며, 청년들은 이들 자격증에 젊음을 걸고 피땀을 흘리고 있다. 이러한 것이 청년들이 느끼는 일상에서의 공정, 불공정 문제가 아닌가 한다.

청년 촛불집회 이후, 청년들이 제기한 일상의 불공정함에 대한 문제는 여전히 그대로이며 무엇도 변하지 않았다.

20대 국회 제1호 법안인 청년기본법이 아직 상정조차 되지 않은 사실을 반추 삼아 1% 청년 정치 세태에 조금이라도 귀 기울이고, 지금의 청년들이 느끼는 불공정에 대한 상대적 박탈감, 좌절감이 무엇인지 깊이 헤아려보며, 기회나 과정이 공정하고 평등한 방향으로 갈 수 있도록 '2030 청년세대를 위한 특별기획' 프로를 제안하고자 한다.

특히 앞으로도 KBS가 이러한 기득 이익 범주에 들어서지 못해 일상에서의 불공정을 체감하고 있는 청년, 외국인, 장애인, 여성 노동 영역에서 그들의 시선으로 다양한 프로를 제작해주었으면 한다.

<정용실의 뉴스브런치>, '인구변화, 미래를 바꾼다'

• • • • •

　우리나라는 2000년 65세 이상 고령인구가 전체 인구의 7%를 넘는 고령화 사회에서 2017년 14%를 넘는 고령 사회에 진입하였다. 단 17년 만에, 세계에서 유례없이 짧은 기간에 인구 고령화가 진행되고 있는 것이다. 나아가, 2025년에는 20%가 넘는 초고령사회로의 진입이 예상된다. 이러한 인구 고령화 부담 때문에 경기 침체를 겪는 실버쇼크, 저출산 고령화로 인한 경제 활력 문제 등 충격 완화를 위한 저출산 고령화대책 골든타임에 관한 지속적인 메시지가 필요하다.

　<정용실의 뉴스브런치>는 '인구변화, 미래를 바꾼다' 코너에서 총 5회에 걸쳐서 고령화 사회 관련 주제를 집중적으로 다루었다. 고령화, 초고령화 사회로의 위기, 고령층의 주거, 일과 여가, 의료 등 고령화 대응 정책 전반에 관하여 주제별로 분리하여 비교적 심도 있게 다루어 청취자에게 고령화 사회에 대한 경각심과 전반적으로 영향을 미칠 수 있는 정보를 주었다.

기존 다른 방송에서 고령화, 초고령화 사회 위기를 거론할 때마다 미디어에서 저출산과 연결지어 주로 다루었다면, 〈정용실의 뉴스브런치〉는 비교적 이와 분리하여 고령층의 주거, 빈곤, 경제활동, 의료, 여가, 웰빙, 웰다잉 등 비교적 짧은 시간 요약하여 집중적으로 다루었다는 점에서 의미가 있었다. 인구영향평가에 대해 날씨 일기예보 하듯이 미리 상황을 알려주는 경고 서비스를 하자는 제안도 좋았다.

KBS는 그간 지속적으로 고령화 문제를 다루어 왔다. 최근 방영된 〈다큐세상〉 100세 시대 행복한 노후의 조건 2부작, 〈다큐세상〉 안심해, 치매!, 〈다큐세상〉 고령사회, 어떻게 대처해야 하나?, 〈KBS 스페셜〉 은퇴 공포! 집, 믿어도 될까?, 〈아침마당-목요이슈토크〉 3월 특별기획 4부작 초고령화 사회의 역습 정도가 있었다. 최근 2부작으로 방영된 〈다큐세상〉 100세시대 행복한 노후의 조건 2부작은 노인 장기요양, 치매, 돌봄 서비스를, 〈KBS 스페셜〉에서는 고령화 문턱에 선 은퇴자들의 노후, 주거 문제를 다루어 그간 노인 건강, 의료, 치매, 주거, 고령화의 위험, 엄습에 대해 다루었다. 뉴스에서도 거의 매일이라고 할 정도로 저출산-고령화 문제에 대하여 다루고 있음을 확인할 수 있었다. 이러한 TV 시사교양, 뉴스 프로그램도 좋지만 라디오 등 다양한 매체에서 10분 단위 짧은 꼭지로 다루어주는 것도 청취자에게 의미 있을 듯하다.

특히 고령화라고 하면 치매, 경제활동 등 우리가 흔히 들어오던 부분이라 식상하게 여겨지기 쉬운데 라디오라는 가시성에 있어 한계가 있는 매체임에도 불구하고 테마별로 기획하여 진행한 것이 의미가 있다고 생각한다.

또한 대부분의 방송이 고령 사회를 심각한 사회문제이자 위기로만 인식하고, 인구 고령화로 인해 노동력 부족, GDP 감소 등 부정적 측면을 주로 다루었다면, 해당 프로는 주로 노인층의 입장에서의 의료, 주거, 일과 여가 등 대비책 및 오히려 고령화 사회 위기를 기회로 삼을 수 있는 긍정적 측면도 언급하였다는 점에서 다른 시각에서 볼 수 있어 의미가 있었다.

현재 해당 프로에서는 인구 변화 관련 밀레니얼 세대 특성, 이들에게 필요한 대책, 1인 가구 증가와 추세, 대응방안 등을 진행하고 있어 앞으로도 인구 변화에 관한 심층적인 방송이 기대된다.

2020년

〈시사직격〉, '무엇이 이들을 죽게 하나'
〈시사직격〉, '겁 없는 여자들 : 요금수납원 해고, 200일의 기록'
세계 여성의 날, 노동환경에서 양성평등을 실현하기 위하여
〈KBS 뉴스9〉, 로켓이 된 쿠팡맨
〈시사기획 창〉, 살인노동 2부-죽음의 숫자
〈코로나19통합뉴스룸〉, 5인 미만 사업장의 노동법 사각지대
〈시사기획 창〉 코로나 쇼크, 혼돈의 52시간제
〈일하다 죽지 않게〉, 죽음의 일터는 어디?
〈김경래의 최강시사〉, '봉제 노동자 근로환경, 70년대와 달라진 것 없어'
〈KBS뉴스〉, 우리는 소모품이 아닙니다
〈오태훈의 시사본부〉, 택배 노동자 과로사 대책 마련
〈일하다 죽지 않게〉, 더 이상은 일하다 죽지 않게

<시사직격>, '무엇이 이들을 죽게 하나'
목숨이 낙엽처럼, 공사장 추락사

· · · · ·

　고용노동부에 따르면 최근 5년간 건설 현장에서 사망한 노동자는 2,361명, 추락 사망자는 1,360명이라고 한다. 매년 270여 명이 출근을 했으나 추락 사고로 집에 돌아가지 못한 것이다. 주말을 제외하면 하루에 한 명꼴로 노동자가 사망하고 있다. 지난 23년간 단 두 차례를 제외하고, OECD 국가 중 산업재해 사망률 1위를 차지한 우리나라! 우리나라는 산재공화국이라는 오명을 벗지 못하고 있다. 건설 현장의 노동자들은 왜 소리 없이 사라져가는 걸까? 누가 이들을 벼랑 끝으로 내모는 것일까? <시사직격>에서는 추락 위험에 노출된 노동자들의 열악한 환경과 불안한 현실을 조명했다.

　<시사직격>은 부산 아파트 옹벽 공사현장에서 작업 중 추락한 50대 노동자, 지난 3월 아파트 노후 승강기 교체 도중 승강기 본체가 17층에서 통

째로 떨어져 추락하여 사망한 30대 노동자에 대해 다루었다. 첫 번째 사건은 비계 안전설치 위반, 두 번째 사건도 가바나 안전장치 미설치로 인한 것으로 두 사망 사고 모두 노동자의 생명을 위한 최소한의 기본적인 안전조치 위반으로 인해 발생한 것이다.

방송에서 이러한 노동자의 생명을 위한 기본적인 안전조치 위반에 대해 문제를 제기하며, 그럼에도 불구하고 사망사고 포함 안전조치 위반은 고작 1년 이하 징역 또는 1천만 원 이하의 벌금에 처해진다는 점, 산업안전보건법 위반 사업주 10명 중 9명은 집행유예(16.3%) 혹은 벌금형(72.3%)이라는 점을 언급하며 솜방망이 처벌에 대해 비판했다.

KBS는 〈엄경철의 심야토론〉 고(故) 김용균 관련 위험의 외주화, 〈추적60분〉 한국타이어 노동자들의 죽음 은폐 의혹을 다룬 프로를 방영했다. 당시 〈엄경철의 심야토론〉에 대해서는 비정규직 하청 노동자 고(故) 김용균의 산재 사망사고에 대해 죽음의 외주화 반대라는 다소 감성적 호소만 있을 뿐 정작 비정규직 보호 방안에 대한 구체적 정책 대안이 부재한 아쉬움을 언급한 바 있고, 〈추적 60분〉 관련하여서는 고용노동부 관리감독 소홀에 대한 질타 부족, 전체 노동자들의 산업재해 예방을 위한 구체적 제안이 부족한 점에 대해 언급한 바 있다. 두 의견 모두 전체 노동자들의 산업재해 사고, 죽음을 예방하기 위한 본질적이고도 구체적인 제안의 부재에 대해 언급한 것이다.

그런데 해당 프로에서도 여전히 문제의식만 전달하고 해결책, 노동자

보호방안에 대한 깊이 있는 고민이 보이지 않은 점이 아쉬웠다. 〈시사직격〉은 〈추적 60분〉과 〈KBS 스페셜〉 폐지 후, '탐사 보도의 노하우와 정통 다큐멘터리의 기획력을 바탕으로 한 시사 프로그램'이라는 기획의도를 가지고 출발하였다. 상기 두 프로를 대신하여 정치, 경제, 사회, 문화 등 각 분야의 이슈를 더욱 신속하고 깊이 있게 다루겠다는 목표로 론칭되었는데 적어도 당일 해당 프로에 대하여는 처음 기획의도가 충분히 담겨 있지 않은 듯하다.

방송에서 노동자의 추락 사망사고는 결국 기업들이 공기 단축과 비용 절감 등을 이유로, 노동자 기본권을 외면한 채 성장만을 추구한 결과라는 점, 기업들이 무거운 책임감과 개선 노력이 절실하다는 점을 지적하였으나 〈추적 60분〉과 〈KBS 스페셜〉 폐지 후 통합해 론칭한 〈시사직격〉만의 색깔은 다소 부족한 듯하다.

특히 방송 내용이 주로 인터뷰 위주였다는 점, 하도급이 금지되어 있는 승강기 설치에 대하여 공동수급계약서를 작성하고 하청업체에 모든 책임을 묻게 하는 불법행위에 대해 질타하는 국감 현장을 방영하였으나 '제조사 - 설치업체 - 공동수급 형태 등' 시청자들이 다소 이해하기 어려울 수 있는 부분에 대해 도표로 가시화하지 않은 점, '승강기업체, 건설사, 불법 하도급, 제조사, 설치업체, 설치 유지관리 업체, 하청업체, 공동수급 형태를 띤 하도급 등'의 용어가 계속 반복, 혼용되어 언급되었던 점 등이 시청자의 이해 측면에서 바라보았을 때 아쉽게 다가왔다.

산재사망자 중 하청 소속 노동자의 비율이 극히 높은 점, 안전교육 미흡, 사고 발생 시 원청업체 솜방망이 처벌, 산안법 위반 시 대부분 기소유예나 벌금형에 그친다는 점, 산재사고 시 실형은 1%도 안 된다는 점을 면면히 들여다보고 노동자의 생명 보호 방안을 모색하였다면 깊이를 추구하는 〈시사직격〉의 기획의도와 맞았을 듯하다. 더 나아가 원청업체에서 하도급을 통해 위험성 높은 업무를 외주화할 수밖에 없는 원가, 제도 등 구조적 측면에서 어떤 근원적 문제가 있는지까지 심도 있는 분석을 했더라면 좋았을 것이다.

앞으로 차별화된 〈시사직격〉만의 색깔을 가지고 보다 날카롭고 신랄한 비판, 구체적 정책 모색 및 대안이 있는 프로가 되기를 기대해 본다. 아울러 열악한 노동 환경과 미흡한 제재 속에 일하는 노동자가 더 이상 일하러 나갔다가 죽음으로 돌아오지 않게, 노동자의 기본권을 무시한 이러한 허무한 죽음이 없도록 OECD 산재사망률 1위를 벗어나기 위한 노동환경에서 노동자 생명 지키기를 다룬, 보다 심도 있는 프로 기획을 제안해본다. 우리나라는 최근 5년간 평균 한 해에 천 여 명, 하루에 3명꼴로 산재로 인해 사망하고 있다. 해당 프로에서 다룬 두 사건(건설, 승강기 제조) 모두 하청 업체 노동자의 죽음이다. 산재처리 후 노동자에게 불이익처우를 금지하는 조항이 산업재해보상보험법(제111조의2)에 신설되었지만 정작 산재 기간 중 치료를 위해 병원을 다니는 노동자에게 강제연차휴가를 사용하게 하는 등 불이익 처분에 대해 노동자가 노동부에 신고하더라도 근로감독관 집무규정상 산재법이 담당 업무에 명시되어 있지 않다는 이유로 보호 받지 못하고 있다. 안전한 노동환경, 노동자 권리구제에 실효성 있는 고민이 필요한 시점이다.

고(故) 김용균 사건 이후 28년 만에 산업안전보건법이 개정되었음에도 고(故) 김용균 사건조차 책임자인 원청, 하청업체 사장 모두 경찰에서 무혐의 처분을 받았고, 현장 관리자만이 업무상 과실치사 혐의 의견으로 검찰에 송치되었다. 여전히 몸통은 빼고 깃털만 처벌하려는 것이고, 경찰이 현장 관리자에게 적용한 과실치사혐의 처벌조항이 5년 이하 금고 혹은 2,000만 원 이하의 벌금으로 적시되어 있으나 대부분 집행유예나 벌금형이 선고된다는 점, 형법상 업무상 과실치사는 노동자의 안전 문제를 전문적으로 규율하는 법도 아니라는 점, 노동자의 목숨값보다 안전 보호를 위해 드는 비용이 더 비싼 상황에서 기업이 노동자의 안전을 위해 노력하기는 힘들고 노동자가 더 이상 일하다 죽지 않게 하는 근본적인 대책이 필요한 시점에서 이러한 부분을 기획 프로에서 다루어주었으면 한다.

<시사직격>, '겁 없는 여자들 : 요금 수납원 해고, 200일의 기록'

• • • • •

2020년 1월 겨울. 광화문 한 편에 자리한 천막 여덟 개. 그곳에 해고 요금 수납원들이 있다. 이른 새벽, 서릿발처럼 찬 공기에 일어나 지하철역 화장실에서 얼굴을 닦고, 길바닥에 앉아 끼니를 해결하는 일상이 이제는 익숙하다. 청와대 행진을 막아서는 경찰에 무작정 덤비기도 한다. 투쟁의 고단함을 이겨내려 신나게 춤을 추기도 하는 이토록 겁 없는 여자들! 이들은 매일같이 소리친다. 부당해고 철회하라! 직접고용 이행하라! 하지만 그 목소리는 세상이라는 벽을 타고 넘지 못한다. 어쩌면 우리 관심 밖 이야기. 요금 수납원 해고 200일. <시사직격>이 도로교통공사 톨게이트 노동자들의 투쟁 과정을 기록했다.

<시사직격>은 도로공사로 입사하여 예고 없이 외주업체 직원이 되고 매년 근로계약이 갱신되며 고용불안에 떨어야 했던 그들, 외주업체와 근로계약을 체결하였음에도 도로공사의 실질적인 지휘감독을 받아 근무하여 불법 파

견에 해당하고 직접 고용해야 한다는 대법원 판결과 대구지방법원 한국도로공사 근로자지위확인소송에서 도로공사가 사실상 업무지시를 했고 이는 파견에 해당하므로 불법파견이며 직접 고용해야 한다는 판결이 있음에도 직접 고용하지 않는 도로공사에 투쟁하는 수납원들의 모습을 보여주었다.

해당 방송에서 해고 수납원들이 도로공사 김천 본사와 광화문 점거농성을 오가며 매서운 바람이 들어오는 작은 천막에 60여 명이 다닥다닥 붙어 앉아 투쟁 논의하는 모습, 도로공사 본사에 자신들이 해고되기 전 근무했던 영업소 간판을 붙여 북강릉 캐슬, 남강릉 자이, 혁신도시 등 위트 있으면서 웃픈 그들의 투쟁 현장을 보여주었다.

미디어에서 흔히 이야기하는 하이패스, 스마트톨링 도입 등으로 인한 무인화 흐름, 없어질 일자리라는 등의 논쟁이나 토론의 자리가 아닌 점이 좋았다. 도로공사 수납원들은 현재 6,500여 명으로 스마트 톨링 도입 이후에도 고객 민원 대응, 요금 미납 사실 고지, 차량번호 인식되지 않거나 잘못 인식된 것을 바로잡는 것, 과적·미납 차량 단속, 각종 일지 작성 등의 업무에 필요인력이 2,500여 명이고, 스마트톨링 번호판 인식 요금 부과에 따라 영상보정업무, 후불고지나 체납징수, 콜 민원증가에 대한 신규 업무가 1,000여 명, 스마트 톨링이 도입되더라도 돈을 받는 차로를 톨게이트마다 최소 1개 이상을 유지할 계획인데 이 숫자까지 합하면 5,000여 명이 필요하다고 한다. 업무 재배치를 고려하여 운영한다면 절대 적은 숫자가 아니며 없어질 일자리로 단정하는 것은 무리가 있다. 그저 사회적 약자인 그들의 입장에서 묵묵히 그들의 목소리를 들어주었다는 점이 좋았다.

도로공사가 한국도로공사서비스라는 자회사 설립을 통해 정년 61세 보장, 임금 30% 인상을 제안하며 직접 고용하겠다고 했는데 이들이 거부하였고, 자회사 편입 거부 이유를 들여다보며 자회사는 덩치만 커진 외주사에 불과하여 자회사와 위탁계약만 해지하면 고용 종료되는 고용불안에 시달리는 반쪽짜리 정규직일 뿐이라는 점, 10년을 일해도 이방인, 일자리를 지키기 위해 대리운전, 술 따르기, 러브샷, 블루스 추기, 식대 절감을 위한 텃밭 노동, 한여름 28도로 유지하고 있는 에어컨 선 잘림을 당하는 등 온갖 부당함을 감내하는 엄마니까 참는다는 여성 노동자들의 201일을 추적 관찰함으로써 '무인화로 인해 없어질 일자리다, 아니다, 정규직 공채입사자에 대한 역차별이다'의 문제가 아니라 우리 사회가 관심을 가지고 반드시 다루고 기록해야 할 사항을 충분히 의미 있게 다룬 듯하다.

지난 2020. 2. 1. 직접고용을 촉구하던 톨게이트 요금 수납원들이 217일간 이어진 투쟁을 마무리하였다. 투쟁을 통해 전원 정규직 직접 고용을 이루었지만 도로공사는 여전히 2015년 이후 입사자는 추후 법원 판결을 지켜본다는 입장이다. 이에 수납원들은 1차 투쟁을 마무리하고 톨게이트 지사로 돌아가 60여 개 지사에서 2차 개별 투쟁을 전개할 예정이라고 한다.

"해고가 뭔지 당신들이 알아, 해고가 뭔지 당신들이 아냐고요." 하는 이들 노동자들의 외침이 헛되지 않게 이들 직접고용 후 복귀에 있어서도 그들의 일자리가 부당한 대우를 받지 않도록 처우하고 있는지 모니터링하며 KBS가 이를 다시 다루어주었으면 한다.

세계 여성의 날, 노동환경에서 양성평등을 실현하기 위하여
KBS 프로그램의 진지하고 깊이 있는 고민이 보인 한 해!

• • • • •

3·8 세계여성의 날, 제112주년을 맞아 '여성 노동 현실'에 대해 KBS가 얼마나 깊이 있는 고민을 하고 이를 방송에 반영하는지 2019년 3월 정례회의 의견서에 이어 살펴보았다.

지난 111주년 세계여성의 날인 2019년 3월 8일 이후, 1년간 KBS가 다룬 뉴스, 인터넷 기사, 시사교양 검색 키워드를 「여성 노동, 여성 노동조건, 여성 근로조건, 여성 임금, 여성 차별, 경력단절, 여성 고용환경, OECD 여성, 여성 채용차별, 워킹맘 육아, 워킹맘 노동」으로 하여 살펴보았다. 전년보다 훨씬 다양하고 풍부한 주제들, 여성 노동 현실에 대해 깊이 있게 다룬 주제들이 많았다.

구체적으로 언급해보면, 시사교양 부문에서는 〈시사직격〉, '겁 없는 여

자들: 요금수납원 해고, 200일의 기록'[15], 〈KBS스페셜〉 '3.6%가 말하는 것: 사표 쓰지 않는 여자들'[16]이 있고, 〈거리의 만찬〉 시즌 1이 최근 종료되었지만 그간 〈거리의 만찬〉은 사회의 숨겨진 목소리를 들으며 공감하고 위로를 해주었다. 특히 여성 노동자의 삶을 조명한 편이 많았다. '지금은 여성시대', '톨게이트 노동자들의 끝나지 않은 싸움', '톨게이트 지붕 위에선 고공농성, 고속도로 로맨스' 등 직장생활에서 커피를 누가 타나부터 톨게이트 노동자의 고공농성까지 여성노동자의 삶을 면면히 들여다보았다.

예능 부문에서는 〈아이를 위한 나라는 있다〉가 대한민국 돌봄대란 실태보고라는 모티브로 출연진이 아이 등하원 도우미를 하며 맞벌이, 경력단절 여성이 겪게 되는 상황들을 보여줌으로써 많은 시청자들의 공감을 샀다. 드라마 부문에서는 〈세상에서 제일 예쁜 내 딸〉이 최고 시청률 35.9%로 인기리에 방영되었고 극중 직장일과 집안일, 몸이 열 개라도 부족한 워킹맘 미션을 주인공으로 하여 그 고충을 현실적으로 그려냈다. 막강 시월드에서 고군분투하는 모습, 친정엄마와 육아로 인해 티격태격하는 모습, 아이에게 늘 미안해하는 복잡한 심경에 시청자들의 공감을 불러일으켰다. 〈회사 가기 싫어〉 역시 '슈퍼맘은 없다' 편에서 직장에서 보이지 않는 유리천장 속에서 일과 육아를 병행하는 워킹맘의 현실을 여실히 보여주었다.

뉴스 부문에서는 '세계 여성의 날'… 노동계 "차별 없는 일터 보장해야"(2020. 3. 6, 뉴스9) 방영 이후,

여성 노동 관련 지난 1년간 KBS 뉴스,

일본, 재취업 전선에 나선 경단녀들(20. 2. 20, 뉴스 12, 비슷한 꼭지로 2회 방영), '신한은행 채용비리' 조용병 회장 1심서 집행유예…"결과 아쉬워"(20. 1. 23, 뉴스광장, 비슷한 꼭지로 2회 방영), [글로벌 플러스] 옥스팜 "빈부 격차 빠른 속도로 증가"(20. 1. 20, 글로벌24), 서울 여성 노동자 3명 중 1명 '저임금'…남성 비율보다 3배 ↑(20. 1. 10, 뉴스광장, 비슷한 꼭지로 5회 방영), 여성, '경력 단절'에 한 번 울고, '임금'에 두 번 운다(20. 1. 2, 뉴스광장, 비슷한 꼭지로 3회 방영), "충남지역 '경력 단절 여성' 취업 지원"(19. 12. 18, 지역뉴스(대전)), [5분 건강 톡톡] "근무시간 길수록 자연유산 위험 높다"(19. 12. 13, 아침뉴스타임, 비슷한 꼭지로 4회 방영), '여성 경력단절 막는다'…임신 기간 중 육아휴직 허용 추진(19. 12. 12, 뉴스 12, 비슷한 꼭지로 2회 방영), 일·육아 양립 힘들어, 고용률 저하(19. 12. 9, 뉴스9(대구), 비슷한 꼭지로 2회 방영), [자막뉴스] 시간제 일자리의 두 얼굴-공짜노동, 압축노동(19. 12. 4, 뉴스9, 비슷한 꼭지로 2회 방영), 충북 경력단절 여성 일 년 사이 18.2% 감소(19. 12. 1, 지역뉴스(청주), 비슷한 꼭지로 2회 방영), 기혼여성의 17.4%, 결혼 이후 경력 단절(19. 12. 1, 지역뉴스(춘천)), 경력단절 여성 비율 역대 최저… 사유는 '육아'가 첫 1위(19. 11. 26, 뉴스 7, 비슷한 꼭지로 4회 방영), 근로기준법 위반 아직도 수두룩(19. 11. 13, 뉴스9(부산)), [자막뉴스] [단독] '가짜 의심' 생리휴가 안 준 아시아나항공…벌금형 선고(19. 10. 29, 뉴스9, 비슷한 꼭지로 3회 방영), [글로벌 플러스] 英 성별 임금 격차, 50대 최고 28%(19. 10. 28, 글로벌24), 감정노동자법 시행 1년…"여전히 피해 심각"(19. 10. 24, 뉴스 5), 고공농성 점검원 강제연행…협상 언제 타결?(19. 9. 18, 뉴스9(울산)), [지구촌 Talk] 할리우드 남녀 배우 임금 차 '편당 13억 원'(19. 9. 18, 지구촌뉴스), [새로 나온 책] 억척스럽게 살아야 했던 여성들 '삼순이' 외(19. 9. 9; 뉴스광장), 지역 2, 30대 여성 경제 활동 참가 저조(19. 8. 22, 지역뉴스(포항)), 저출산 원인…"결혼 기피*경력 단절"(19. 7. 31, 뉴스9(울산)), [똑! 기자 꿀! 정보] 저출산 극복! '출산 장려'에서 '함께하는 육아'로!(19. 7. 29, 아침뉴스타임), 여성 임원 3.6%…"'유리천장' 제도 변화로 깨야"(19. 7. 25, 뉴스9), 여성 10명 중 4명, 사회변화의 핵심 '양성평등'(19. 7. 5, 뉴스9(안동), 비슷한 꼭지로 3회 방영), 제주여성 근로자 임금, 남성의 66% 수준(19. 7. 4, 지역뉴스(제주)), 여성 비정규직 비중 4년째 증가…절반이 시간제(19. 7. 1, KBS 경제타임, 비슷한 꼭지로 2회 방영), 학교 비정규직 여성 100인의 '삭발 호소'(19. 6. 18, 뉴스7, 비슷한 꼭지로 2회 방영), [지금 세계는] "성차별 금지·동등임금 보장"…스위스 여성 28년 만의 파업(19. 6. 15, 뉴스광장, 비슷한 꼭지로 3회 방영), <강원人> 성년이 된 춘천민우회…여권운동 산증인(19. 6. 14, 뉴스9(춘천)), '행복한 가정', '육아 친화적 분위기'가 소멸 막는다(19. 6. 13, 뉴스9(대구), 비슷한 꼭지로 2회 방영), "경력단절 여성 모십니다"…여성일자리 박람회 개막(19. 5. 29, 뉴스9(순천)), 경력단절 여성도 줄어(19. 5. 28, 뉴스9(울산)), "모든 노동자의 노동권 인정하라"…여성·배달 노동자도 거리로(19. 5. 2, 뉴스9, 비슷한 꼭지로 4회 방영), [정보충전] '경단녀' 걱정 뚝!… '공유 오피스'에 보육을 더하다(19. 4. 25, 뉴스 12), 강원 비정규직 여성 근로자 임금 전국 '최저'(19. 4. 25, 뉴스9(원주), 비슷한 꼭지로

> 3회 방영), 강원도 내 정규직 여성 근로자 절반 안 돼(19. 4. 22, 지역뉴스(춘천), 비슷한 꼭지로 2회 방영), [자막뉴스] "3시에 퇴근·탈연애 선언"…'세계여성의 날' 도심 집회 잇따라(19. 3. 8, KBS1, 비슷한 꼭지로 3회 방영), [앵커의 눈] "여자라는 이유로…" 남녀임금 불평등 여전(19. 3. 8, 뉴스9), 세계 여성의 날… '워킹맘'은 여전히 육아 고민(19. 3. 8, 뉴스7, 비슷한 꼭지로 2회 방영) 등.

    총 41건의 주제가 있었고, 중복방송까지 포함하면 총 77회 방송되었다. 인터넷 기사는 '여성가족부, 성·세대 평등으로 함께 가는 포용사회 발표'(2020. 3. 5) 등 52건이었다. 2019년 뉴스 부문에서 총 23건의 주제였는 데 비해 41건으로 40% 이상 증가하였다. 중복방송은 2019년 76회에서 2020년 77회로 비슷한데 그만큼 다양한 주제를 다룬 것으로 보인다. 인터넷 기사 또한 26건에서 52건으로 크게 증가하였다. 41건의 주제가 있었고, 중복방송까지 포함하면 총 77회 방송되었다. 인터넷 기사는 아래와 같다.

여성노동 관련 지난 1년간 KBS 인터넷 기사,

뛰는 여성 위에 나는 남성…굳건한 男女 임금격차의 벽(20. 2. 18, 인터넷 기사), "경력 단절 경험한 나이는 28.4세, 재취업까지 7·8년 걸려"(20. 2. 12, 인터넷 기사), 학교 교육공무직 여성 '임신·육아기 근로시간 단축·유급 육아시간 보장'…단체협약 체결(20. 1. 31, 인터넷 기사), 재취업 여성 10명 중 3명 "1년 내 그만둘 것"(20. 1. 31. 인터넷 기사), '남녀 3:1' 채용은 무죄?…'들러리'서지 않는 사회가 되려면(20. 1. 23, 인터넷 기사), 짧은 치마 입고 가전제품 홍보 아직도?…'성 상품화' 논란(20. 1. 19, 인터넷 기사), 경기도 성평등 지수 상승…이재명 "머릿속서 남녀구분 지워라"(19. 12. 31, 인터넷 기사), 20년 넘게 일해도 사원…'고졸 여성'이라 그렇다고요?(19. 12. 23, 인터넷 기사), "과장급 이상 남성은 90%, 여성은 5%"…인권위 "성 차별"(19. 12. 23, 인터넷 기사), '일·가정 양립'이 '일 우선' 첫 추월…남성 육아휴직 늘었지만 사용률은 저조(19. 12. 18, 인터넷 기사), 임신 기간 중 육아휴직 허용 추진, 여성 경력단절 막는다(19. 12. 11, 인터넷 기사), 남녀 임금 격차 한 눈에…'성평등 임금공시제' 첫 시행(19. 12. 9, 인터넷 기사), 자녀 수 많거나 어릴수록 여성 고용률 낮아…임금 수준은 개선(19. 12. 6, 인터넷 기사), '워킹맘' 95% "퇴사 고민한 적 있다"…최대고비는 '자녀 초교입학'(19. 12. 8, 인터넷 기사), 시간제 일자리의 두 얼굴…공짜노동과 압축노동(19. 12. 3, 인터넷 기사), 경력단절여성 비중 19.2%로 역대 최저…사유는 '육아'가 첫 1위(19. 11. 26, 인터넷 기사), [크랩] 똑같이 일했는데 왜 여성 농민은 돈을 못 받을까?(19. 11. 19, 인터넷 기사), 출산율 최저 대한민국…OECD가 제시한 해법은?(19. 10. 29, 인터넷 기사), 韓 여성 취업자 증가율 30-50클럽 1위…35~44세 고용률은 최저(19. 10. 21, 인터넷 기사), "민주노총 산하 간부, 남성 88%…여성 노동자 요구 반영 한계"(19. 10. 15, 인터넷 기사), 기재차관 "성장잠재력 둔화위기에 여성인력이 히든카드"(19. 10. 15, 인터넷 기사), 시민단체 "지역 MBC 채용 성차별…여성 정규직 아나운서 27% 불과"(19. 10. 1, 인터넷 기사), 민변 등 노동법률 단체 "대법 판결 따라 톨게이트 노동자 직접고용하리"(19. 10. 1, 인터넷 기사), "톨게이트 노동자 직접고용하라"…시민대책위 출범(19. 9. 30, 인터넷 기사), "여자는 사원·남자는 관리자"…KEC '50년 유리천장'은 "성차별"(19. 9. 19, 인터넷 기사), 서울 성별임금격차개선위 구성…오는 25일 첫 회의(19. 9. 15, 인터넷 기사), "경단녀 줄이려면 어린이집 정원 늘리기보다 보육 질 높여야"(19. 8. 21, 인터넷 기사), [취재후] 산재·성폭력에 무방비…'을 중의 을' 농촌 이주노동자(19. 8. 16, 인터넷 기사), 경력단절 뒤 구직이 힘든 여성…어디서부터 잘못됐을까?(19. 7. 31, 인터넷 기사), '유리 천장' 깬 여성임원, 그들의 이야기는?(19. 7. 26, 인터넷 기사), "버스·택시·화물차 등 운수단체들 채용서 고졸·여성에 불이익"(19. 7. 22, 인터넷 기사), [나는 허수애비입니다] ④ 육아휴직 늘리자는데…무슨 돈으로 하죠?(19. 7. 17, 인터넷 기사), [나는 허수애비입니다]① 젊은 아빠들…그들은 왜 허수애비가 되었나(19. 7. 14, 인터넷 기사), '채용비리' IBK 투자증권 前부사장 등 집행유예…회사는 벌금형(19. 7. 10, 인터넷 기사), "자녀출산·양육 위해 직장 그만둔 적 있어"(19. 7. 9, 인터넷 기사), 이총리 "남녀평등, 아직도 실현 못해…민간·정부 힘 모아 해결"(19. 7. 4, 인터넷 기사), 여성 비정규직 비중 4년째 증가…시간제 비중 격차도 벌어져(19. 7. 1, 인터넷 기사), "벨 누르기가 두렵습니다"(19. 6. 27, 인터넷 기사), 자녀 있는 맞벌이 가구 비중 늘어…"일·가정 양립 나아져"(19. 6. 25, 인터넷 기사), 영유아 어린이집 이용 빨라져…엄마 취업률은↑(19. 6. 20, 인터넷 기사), 사회생활에 남성이 유리할까? 여성이 유리할까?…국가별 차이는?(19. 6. 13, 인터넷 기사), 600대 기업 여성 직원 비율 23.8%…5년새 0.8%P 증가 그쳐(19. 5. 27, 인터넷 기사), [소득격차 확대]⑪ 남성보다 훨씬 적은 임금…"남성한테 승진도 양보하래요"(19. 5. 26, 인터넷 기사), '임금차별 타파의 날'…"오늘부터 여성 비정규직은 무급 노동"(19. 5. 17, 인터넷 기사), 교황청, 부처님오신날 성명…"여성인권 위해 같이 노력"(19. 5. 12, 인터넷 기사), "남자가 그 정도도 못해?" "여자가 할 수 있겠어?" 이제 그만!!(19. 4. 29, 인터넷 기사), "업무·양육 양자택일 강요 안 돼"…法 '워킹맘' 채용 거부 무효(19. 3. 26, 인터넷 기사), 여가부, 10개 경제단체와 '성평등 일터 만들기' 협약(19. 3. 25, 인터넷 기사), '경단녀' 직업교육, IT 등 전문 분야로 확대(19. 3. 19, 인터넷 기사), 세계여성의날, 곳곳서 기념행사…"성차별 성폭력 없는 세상 만들어요"(19. 3. 8, 인터넷 기사), "3시에 퇴근·탈연애 선언"…'여성의 날' 도심 곳곳 행사(19. 3. 8, 인터넷 기사) 52건임.

작년에 이어 올해 KBS 여성 노동 관련 프로를 모니터하며 발견한 키워드는 역시 '경력단절, 남녀 임금차별, 높은 여성 비정규직 비율, 채용 및 승진에서의 차별, OECD 최저 여성 임원 비율'이었다.

지난 2019년 6월 15일 스위스에서 성차별금지, 동등임금 보장을 촉구하며 28년 만에 파업한 것을 보아도 직장 내 남녀차별, 임금 격차는 비단 우리만의 문제는 아니라 할 것이다. 하지만 그 수준에 있어서는 차이가 있다. 스위스는 여성이 남성보다 평균 20% 적은 수준이지만, 우리의 경우 OECD 국가 중 남녀 임금 격차 수치 34.6%로 1위이며 2018년 여성 비정규직 월평균 임금은 남성 정규직 임금의 37.5%에 불과할 정도로 그 정도가 가장 심하다.

남녀 임금격차가 세계 최대인 것은 '여성이 일을 하는 데 있어서 모집·채용·승진·배치·교육·육아휴직', 이 모든 것에서 차별이 존재하고 있는 것이라 할 수 있다. 여성 비정규직 비율(여성 임금근로자 가운데 약 41.5%가 비정규직임), 여성임원비율(3.6%) OECD국 최하위(OECD 여성임원비율 평균 22.9%)만 보아도 알 수 있다.

최저임금법 위반 회피를 목적으로 급식비, 교통비를 모두를 최저임금에 포함시키고, 이러한 부당한 대우에 항의하기 위해 학교 비정규직 여성(급식조리원과 방과후교실 강사 등) 100인이 삭발하며 '정규직화, 임금 인상'을 호소하는 현실, 100대 64로 벌어진 남녀 임금 격차에서 오후 3시부터는 여성이 무급노동을 하는 셈이어서 '오후 3시 조기퇴근시위'가 열리는 것이

지금의 여성 노동 현실이다.

　이러한 현실에서 지난 2019년 3월 8일 이후 1년간 KBS 뉴스, 시사교양, 드라마, 예능, 인터넷 기사 등을 살펴본 결과, 비정규직 여성 노동자, 불법파견, 고용안정, 노동조건개선, 워킹맘, 경력단절 여성, 유리천장 여성 임원까지 다양하고 깊이 있게 여성 노동 현실에 대해 다루었음을 알 수 있었다.[17] 특히 〈거리의 만찬〉은 2018년 7월 KTX 해고 승무원의 이야기를 시작으로 2018년 11월 정규 편성된 후, 여성 노동자의 애환뿐 아니라 성소수자, 다문화 2세, 비혼주의, 낙태죄 문제 등 기존 프로그램에서 잘 다루지 않은 이야기를 여성 진행자들이 그들의 목소리를 들어주고 공감해주어 호평을 받았다. 앞으로도 〈거리의 만찬〉과 같은 프로그램이 많아지길 기대하며, KBS가 지속적으로 노동환경에서의 양성평등 실현 및 사회적 공감대 형성을 위해 많은 관심을 가졌으면 한다.

<KBS 뉴스9>, 로켓이 된 쿠팡맨
노동법 사각지대에 있는 열악한 노동 현실 집중 조명해주길...

• • • • •

온라인 쇼핑몰 쿠팡 배송 노동자가 2020년 3월, 새벽 근무 중 한 빌라 건물 계단에서 숨진 채 발견됐다. 이 사건으로 배송 노동자의 열악한 노동 환경이 재조명되었고 KBS1 뉴스에서도 이유민 기자가 밤 10시부터 다음 날 아침 7시까지 택배 200개, 2분에 한 집꼴로 배송하는 쿠팡맨의 배송현장을 밤샘 취재하며 그들의 고된 노동 강도를 가감 없이 보여주었다. 40대 비정규직 쿠팡맨의 죽음은 코로나19로 인해 급증한 택배 물량, 명절 특수 때와 같은 상황이 두 달 넘게 계속 이어지고 있는 상황에서 큰 충격과 드디어 올 것이 왔다는 자성적인 목소리가 엉켜 있다.

KBS1 통합뉴스룸 [기자 눈Noon]에서 이유민 기자가 직접 스튜디오에 나와 소회를 밝혔는데 10시간 동안 실제 배송은 하지 않고 쿠팡맨을 따라만 다녔음에도 중간에 2시간은 너무 힘들어 쉬었다고 언급하여 그들의 노동 강도가 어떤지 간접적으로 알 수 있었다. 이런 노동 현장 밀착취재 보도가 많아졌으면 한다.

소비자가 편리하게 이용하는 새벽배송, 로켓 배송은 혁신이라 포장하지만 한편으로는 노동자의 입장에서 과로사를 유발하는 노동환경의 퇴보이기도 하다. 쿠팡은 배송노동자 등급을 나누어 근로계약을 체결하고, 일일 배송량을 채우지 못하면 등급이 하락된다는 압박이 있으며 시간 내에 배송 못할 시에 사유서를 작성하게 한다고 한다.

쿠팡측은 코로나19 확산 이후 자기 차를 이용해 물건을 배송하는 쿠팡플렉스 고용을 기존보다 3배 늘려 늘어난 주문량을 처리해 왔다고 주장하나, 쿠팡맨들은 배송 노동 강도 변화, 택배 무게, 배송 권역, 배송 캠프 위치 등 배송 환경의 영향이 더 크고 휴게 시간을 보장할 수 있는 목표 물량을 설정하고 고정인력을 더 충원해야 한다고 주장한다.

쿠팡맨은 특수고용직인 CJ대한통운이나 로젠택배 노동자와 달리 일단 근로기준법상 근로자로서 법적 보호를 받는다. 주휴, 연차휴가, 퇴직금, 4대보험 등 노동법상의 보호는 우선 받지만, 빠른 배송 경쟁 가속화로 엘리베이터 문 열고 닫히는 시간이 아까워 3층 정도는 뛰어가는 게 빠르며, 점심 식사 하면 바보 취급받을 정도로 휴게시간을 보장받지 못하고, 다친 적은 많지만 쉬지는 못한다는 그들의 노동 현실은 여전히 열악하다.

시간 내에 처리하기 어려운 배송 물량을 주고 휴게시간을 이용하라는 것은 휴게시간 미사용에 관한 책임을 노동자에게 전가하는 것이며, 실제 쿠팡 노조 지부는 서울지방고용노동청 동부지청에 미사용 휴게시간을 근로시간으로 인정하고 연장, 야간근로수당을 지급하라며 사측을 고발하기도 하였다.

이러한 밀착취재는 좋았으나 '평소보다 1시간가량 일찍 일을 끝낸 쿠팡맨이 동료를 돕겠다며 다시 트럭에 올랐다'는 멘트에서 마치 하루 배송 물량이 너무 많아 이를 미처 소화하지 못하는 다른 동료를 도와주러만 간다고 비춰진 부분이 아쉬웠다.

이는 쿠팡맨 지원제도의 하나로 먼저 배송을 완료한 동료가 배송물량이 아직 남아 있는 물건 배달을 도와주면 건당 700원의 인센티브를 받는 제도이다. 쿠팡맨은 레벨이 오를수록 급여가 오르는데, 레벨은 쿠팡맨(레벨 1~3)·시니어쿠팡맨(레벨 4~6)·프로쿠팡맨(레벨7~8)·마스터(레벨 9)로 나뉜다. 또한 쿠팡맨은 분기마다 인사평가를 통해 생산성·안전·고객경험·조직문화 등의 지표에 따라 '잡포인트'로 불리는 점수를 받는데, 잡포인트는 레벨 승급의 중요한 기준이 된다. 레벨 3에는 비정규직과 정규직이 혼재돼 있다. 또한 캠프리더(CL)는 이렇게 다른 동료의 배송을 해준 쿠팡맨이 수령해 간 인센티브 금액(건당 700원)을 기준으로 순위를 매기는데 결국 도태되지 않으려면 신입이든, 경력이든 더 열심히 물량을 채워야 하는 구조여서 경쟁을 부추긴다는 주장이 있다. 도움을 받는 쿠팡맨은 월급제여서 본인 할당량을 배송하지 못해도 월급이 줄지는 않지만 낮은 인사고과를 받을까 봐 걱정을 하고, 비정규직은 정규직 전환이 안 될까 봐, 정규직은 승급이 되지 않을까 봐 두려워한다. 이는 동료가 곧 경쟁자가 되니 밥도 먹지 않고 물량을 쳐낼 수밖에 없는 쿠팡맨의 가혹한 노동 현실의 일면이었다. 이런 말 한마디를 그냥 흘려듣지 않고 한두 마디 멘트를 덧붙였으면 좋았을 듯하고, 특히 기자가 스튜디오에 나와 7분 정도 출연하여 동료를 도우러 갔다는 부분을 다시 언급했는데 디테일에 있어 아쉬움이 있다.

코로나19 사태에도 불구하고, 우리의 일상이 유지되고 있는 것은 과도한 노동 강도를 버티는 택배 노동자들 덕분이기도 하다. 그러나 이들에 대한 보상 수준, 노동환경은 열악하다. 이들 노동의 진정한 가치를 보장하는 사회가 되길 바라며 KBS가 이를 위해 지속적으로 관심을 가지고 다뤄주길 바란다.

더불어 모바일앱 등 디지털 플랫폼을 매개로 이뤄지는 플랫폼 노동자, 주로 앱을 통한 음식 배달, 대리운전, 가사노동자는 약 50만 명으로 추산되며, 전체 노동자의 2% 가까이 차지한다고 한다. 코로나19로 인한 국가재난 상황에서 노동자로서 사용자로서도 보호받지 못하는 플랫폼노동자, 프리랜서, 방과후 교사 등 고용보험 안전망의 사각지대에 놓여 있는 이들은 현재 실업급여도 받지 못하고, 유급 가족돌봄휴가지원금도 받을 수 없다. 이러한 특수고용직 노동자들의 안정된 생활 보장을 위한 후속 기획 보도도 있었으면 한다.

<시사기획 창>, 살인노동 2부-죽음의 숫자
'누가 아들을 죽음으로 몰았나'

• • • • •

〈시사기획 창〉에서는 총 2부로 나누어 우체국 집배원의 살인노동에 대해 다루었다. 1부에서는 40대 계약직 노동자의 직장 내 괴롭힘, 업무 과중, 정규직 전환 탈락 스트레스로 인한 과로사를, 2부에서는 집배원 노동자의 사고사, 심혈관계 돌연사, 자살 등 케이스를 집중적으로 다루었다.

대한민국 노동착취 1번지 우체국, "끝난 일을 갖고 뭐한다고 취재해요. 우리는 책임 없다"는 우정사업본부 측 책임 회피성 발언과 함께 KBS 탐사보도부는 지난 10개월 동안 반복되고 있는 집배원 과로사의 실체와 원인을 추적하며 2010년부터 올 초까지 집배원 사망자 185명 명단을 입수해 사망자 전수조사를 했다.

동료의 갑작스러운 죽음을 잇따라서 본 집배원 노동자들이 '진짜 무서웠다. 일하다 죽을 수도 있다. 출근한 거 보니까 살아있네.' 하는 것과 달리, 우정본부는 개별 사례 하나하나를 가지고 다 대응하기 힘들다, 전체적인 관리 프로세스는 안정적이다, 지극히 예외적인 것만 언론에서 부각되는 것이라고 주장하여 양측의 입장이 달랐다.

KBS 탐사보도부는 집배원 사망자 전수조사를 통해 우정본부의 입장이 과연 타당한 것인지, 노동자가 왜 사망했는지 질적 조사를 통해 집중적으로 파헤친 것이다. 방송을 통해 집배원 노동자의 사망 원인은 크게 두 가지로 꼽을 수 있는데 바로 인력 부족으로 인한 과중한 업무와 겸배제도와 우정본부 100여 년 역사가 갖는 특유의 조직 폐쇄성이다.

집배원은 과중한 업무로 부상을 당해도 쉴 수가 없고, 쉬더라도 겸배제도로 동료가 업무를 분담하게 되어 동료가 다쳤다면 걱정보다 '또 겸배야? 얼마나 겸배해야 해?' 하는 생각이 앞서고, 동료의 사망에도 죽은 동료의 빈자리가 빨리 채워지길 바란다고 한다. 30일 연속 이상 겸배해야 20만 원 겸배수당이 있고 또 그 수당마저 겸배를 한 집배원 수만큼 나눠야 해서 겸배수당을 받는 노동자가 1/10도 되지 않는다. 즉 겸배는 노동자에게 무료노동을 강요하는 수단인 것이다. 탐사보도부는 겸배를 한 날과 하지 않은 날을 실험을 통해 비교하며 겸배가 심혈관계지수를 높이는 위험요인임을 보여주었다. 더불어 우정 집배 노조원 16,400명을 대상으로 모바일 설문조사를 실시함으로써 그 사실을 뒷받침해주었다.

또한 우정사업부는 2017년 우정사업부 노동조건 개선 추진단 발족 이후 전문가들이 요구하는 실제 노동시간 데이터 자료를 믿을 수 없다며 주지 않았다고 주장한다. 방송에서는 100년 역사의 독특한 조직 문화, 폐쇄적이고 끼리끼리의 문화, 내부사정이 외부에 밝혀지는 것을 꺼려 하는 문화가 집배 노동자의 죽음을 가속화하고 있는 것은 아닌지 집중적으로 다루었다. 특히 전문가들에게 여유율[18]을 알려주지 않아 조사에 혼선을 주는 등 우정사업부의 조직 문화 진단이 필요해 보였다.

〈시사기획 창〉, KBS 탐사보도부는 한 달 1,500km, 하루 평균 1,000개 배달하는 집배 노동자의 죽음을 과중한 업무, 겸배제도, 특유의 조직 문화를 중점으로 하여 집중적으로 파헤쳤다. 특히 사고가 생기면 우체국 국장, 과장도 1년 연봉 계약으로 연봉 감액 우려, 평가 불이익으로 인해 우체국이 미온적 태도, 근무기록 조작, CCTV 자료 소실, 산재 은폐, 축소, 책임회피를 보이는 것은 아닌지 다루어 집배 노동자들의 열악한 노동환경과 죽음, 그 인과관계를 잘 보여주었다.

특히 이번 방송에서 집배원 연쇄 과로사 속 지난 10년간 사망자 전수명단을 입수해 사망원인을 분석하였다면 이제는 근본적인 문제를 해결하기 위한 논의와 고민이 필요할 때다. 집배원 만성 인력 부족임에도 왜 실질적인 인력충원이 이루어지지 않고 있는지, 겸배가 무료 노동 착취, 악용하는 제도임에도 왜 개선되지 않는지를 집중적으로 파헤치는 후속보도도 있었으면 한다. 구체적으로는 집배 노동자에게 죽음의 노동과 책임을 넘기는 겸배제도를 금지 또는 개선시켜 경영자가 결원에 대한 책임을 지고 결원을 예상하여 대체근무자를 투입할 수 있는 구조로 개선될 수 있도록 하고, 우정사업운영에 관한 특례법 개정작업을 통해 예금사업이익금을 우편사업에 전용할 수 있는 방안을 모색하는 뉴스로 한 두 꼭지라도 다루어주었으면 한다. 방송에서 우체국 예금사업은 지난해 기준 2,950억의 흑자임에도 집배원 적자가 천억 원대여서 예산 때문에 우편사업 인력 충원을 못하고 있다는 주장에 대해 우정사업운영에관한특례법에 예금 사업 이익금을 우편 사업에 전용할 수 없고, 집배원 임금도 특별회계로 처리하고 있는 등의 문제점을 지적하였다. 특례법상 우편사업에 전용시키지 못하도록 하면서 우정본부는 지난 12년간 공적자금상환기금이라는 일종의 배당 명목으로 총 7,200억 원을 정부재정으로 전환하였다. 이는 집배원들은 예산 부족, 적자라는 이유로 공짜노동, 과로사, 충분한 식사시간조차 보장받지 못하고 있는 현실을 고려하면 부당한 것이라 할 수 있다.

이와 같이 지속적으로 문제를 제기하고 이슈화하여 충분한 인력 확보를 통해 노동자로서 최소한의 식사시간을 제대로 가질 수 있는 최소한의 삶을 보장하고, 안전사고, 사망사고를 막아 집배 노동자가 출근하여 안전하게 일하여 퇴근할 수 있도록 더 이상 집배 노동자의 죽음이 일어나지 않기를 바란다. 이것은 고용안정이나 처우개선을 넘어서는, 인간으로서 마땅히 누려야 할 최소한의 생존권 문제이기 때문이다.

〈코로나19통합뉴스룸〉, 5인 미만 사업장의 노동법 사각지대
'코로나' 해고 구제 못 받아...

• • • • •

우리는 코로나19 팬데믹 아래 누구도 경험해보지 못한 삶을 살았다. 그러나 노동자의 입장에서 코로나19에도 불구하고 생계를 유지하기 위한 노동은 계속되어야 하며 안전한 노동환경, 고용안정이 절실한 시기였다. KBS는 예술인 고용보험 가입 법안 본회의 통과, 특수고용직 종사자, 프리랜서, 영세 자영업자 긴급소득지원 등 노동 사각지대 관련 이슈를 지속적으로 다루었다. 근로기준법상 근로자는 노동관계법에 각종 보호를 받는다. 근로기준법상 근로자라 하더라도 5인 미만 사업장 소속 노동자는 노동 사각지대에 있다. KBS 뉴스9에서 이 부분을 다루었는데 5인 미만 사업장에서는 사업장 귀책 사유로 휴업 시에 임금의 70%를 주는 휴업수당 규정 미적용을 이용하여 노동자에게 해고통보한 후, 1개월 무급휴직 명령을 하여 해고예고수당지급의무를 회피한다는 내용이었다.

근로기준법은 원칙적으로 5인 이상 노동자를 사용하는 사업장에 적용하고 4인 이하 사업장은 대통령령에 정한 바에 따라 예외적으로 적용하는 구조이다. 5인 미만 사업장은 근로기준법상 해고제한, 해고서면통지, 부당해고구제신청, 휴업수당, 법정근로시간 상한규정 적용제외이며, 연장·야간·휴일근로수당을 지급하지 않고 연차유급휴가가 적용되지 않는다.

2020년 1월에서 4월까지 전체 실직자 수 207만 명 중 5인 미만 사업장 노동자가 85만 명, 전체 실직자의 41%에 달해 코로나19 확산에 따른 해고와 소득 감소가 노동 취약계층에 집중되고 있음을 알 수 있다.

하지만 근로기준법 해고제한 규정 관련하여 5인 미만 사업장 사업 규모에 따른 차별에 대해 헌법재판소는 2019. 4월 평등권을 침해하지 않아 헌법에 위배되지 않는다는 결정을 하였다. 5인 미만 사업장이 일반적으로 재정 능력과 관리 능력이 상대적으로 미약해 인력을 자유롭게 조절하기가 어려워 경기 침체 등 기업 여건 악화에 대응하기 어려울 수 있기 때문에 이러한 현실을 정책적으로 고려한 것이므로 평등권을 침해하지 않는다고 본 것이다.

한 사업장에서 근무하는 노동자의 수만을 기준으로 근로기준법 적용 여부를 결정하는 것은 노동자의 기본 생활을 보장, 향상시킨다는 근로기준법의 취지를 몰각시킨다는 비판이 있고 이러한 점에서 해당 뉴스는 또 다른 노동 사각지대에 있는 5인 미만 사업장의 노동 현실을 다루어 그 의미가 있다고 할 것이다.

또한 뉴스에서 부당해고, 1개월 무급휴직 형태로 해고예고수당 미지급 뿐 아니라 5인 미만 사업장 쪼개기를 통해 근로기준법 적용 회피 부분을 언급한 것과 영세 업체의 부담을 덜어주자는 취지로 만들어진 5인 미만 사업장 기준이 오히려 사용자가 노동법상 의무를 교묘히 회피하는 수단으로 악용되고 있는 현실을 언급하여 문제를 던져주었다.

1953년 제정된 근로기준법은 최초에 16인 이상 사업장에서 적용하다가 점점 적용 범위를 확대하여 1989년부터 5인 이상 사업장을 그 대상으로 하고 있다. 1995년 도입된 고용보험의 경우 당시 30인 이상 사업장부터 적용해오다가 1998년부터 1인 이상 사업장 전면 적용되고 있다. 1인 이상 사업장 고용보험 전면 적용에도 불구하고 전체 노동자 중, 고용보험 가입자 1,376만 명, 미가입자가 1,223만 명으로 고용보험 미가입 노동자가 전체 노동자의 48.3%나 차지하고 있고, 이중에서 특수고용직이 약 220만 명에 이른다. 퇴직금의 경우 2013년부터 1인 이상 사업장에도 100% 전면 적용되고 있다.

이렇듯 노동법은 그 적용대상과 범위를 확대하는 방향으로 개정되었고 5인 미만 사업장 근로기준법 미적용 문제점에 대해 코로나19와 관련 그 화두를 던져 보도가 시의적절했다. 이 부분도 노동 사각지대에 있는 비정규직, 특수고용직 종사자, 플랫폼 노동자와 더불어 지속적으로 문제 제기해 주기 바란다. 최소한 사업장 쪼개기로 법망을 교묘히 피해가는 것을 막고, 해고로부터 보호될 수 있는 사회 안전망 구축을 위해 공영방송으로서 KBS가 그 역할을 해주기 바란다.

〈시사기획 창〉 코로나 쇼크, 혼돈의 52시간제

· · · · ·

〈시사기획 창〉에서는 2020년부터 주 52시간제가 적용되기 시작한 중소기업들의 상황을 살펴보면서, 코로나19 쇼크가 본격화되고 있는 산업 현장에서 바람직한 노동정책 방향을 모색해 본다는 취지로 〈코로나 쇼크, 혼돈의 52시간제〉를 방영하였다.

코로나19 팬데믹 상황 아래 주 최대 52시간제 시행까지 맞물린 중소기업의 경영 상황을 보여주었는데, 대구 염색공장, 인천 남동공단을 찾아가 현재 가동이 중단된 공장에서 수출기업업체 산업별 금융지원 호소를 하는 상황과 고용노동부 특별연장근로인가를 받으며 주야 24시간 휴일 없이 풀 가동되는 마스크공장, 플랫폼 노동자인 라이더들의 주 60시간 제한 근무 시행, 주 52시간 시행에 따른 저녁이 있는 삶을 사는 노동자의 모습을 통해 근로시간 단축과 관련하여 현재 겪고 있는 상황을 다양한 시각에서 볼 수 있었다.

또한 일본의 일하는 방식 개혁법률, 고도프로페셔널 제도 소개를 통해 근로시간 단축 일률적용에서 단축업종 제외, 노동시간을 노사협정에 따라 연장하는 등 유연화함으로써 노사 당사자 간에 상당 부분 재량권을 주고 있다고 언급하면서 우리도 이 같은 분위기 속에서 재량근로제를 도입하였다고 언급하였다. 워딩을 그대로 옮기면 "이런 분위기 속에서 최근 한국에서도 고임금 전문직에 이와 유사한 재량근로제가 도입됐습니다"라고 하였는데, 재량근로제는 근로기준법 재량간주근로시간제[19]를 의미하는 것으로 원래 우리 법에 있던 제도이다. 탄력적 근로시간제, 선택적 근로시간제와 함께 1997년에 도입되었는데 '최근 도입'이라는 멘트는 사실과 다르다. 최근 재량근로제 관련 변경 사항이 있다면 2019년 7월 근로기준법 시행령 제31조 제6호 재량근로제 대상 업무에 금융투자분석애널리스트와 투자자산운용 펀드매니저 업무를 추가했다는 점만 있을 뿐이다. 따라서 법제도에 대한 최종적 확인 혹은 표현상의 문제라면 일반 시청자 입장에서 멘트에 오해가 없게끔 '이런 분위기 속에서 최근 우리나라의 많은 기업들도 재량근로제를 도입하여 시행하고 있습니다.'라고 하는 것이 적절했을 것이다.

재량근로의 대상업무 (근로기준법 시행령 제31조)

1. 신상품 또는 신기술의 연구개발이나 인문사회과학 또는 자연과학 분야의 연구 업무
2. 정보처리시스템의 설계 또는 분석 업무

> 3. 신문, 방송 또는 출판 사업에서의 기사의 취재, 편성 또는 편집 업무
> 4. 의복·실내장식·공업제품·광고 등의 디자인 또는 고안 업무
> 5. 방송 프로그램·영화 등의 제작 사업에서의 프로듀서나 감독 업무
> 6. 그 밖에 고용노동부장관이 정하는 업무
> * 고용노동부 고시(제2019-36호) 회계·법률사건·납세·법무·노무관리·특허·감정평가·금융투자분석투자자산운용 등의 사무에 있어 타인의 위임·위촉을 받아 상담·조언·감정 또는 대행을 하는 업무. 금융투자분석(애널리스트), 투자자산운용(펀드매니저).

또한 방송에서 조선업, 건설업 등의 업종 특성을 감안하여 근로시간 단축을 단계적으로 적용하자는 의견은 좋았으나, 이미 50인 이상 사업장에서 주 최대 52시간제가 시행된 만큼 제도가 연착륙되어 안정적으로 시행된 중소기업 사례나 대기업은 어떻게 안착했는지, 시행착오가 있다면 어떤 것인지, 그 사례도 소개했으면 어떨까 하는 아쉬움이 있었다.

특히나 대기업뿐만 아니라 중소기업도 근로시간단축시행과 함께 유연근무제, 선택근무제, 자율 출퇴근제, 시차출퇴근제, 코로나 시대에 재택근무제, 원격근무제를 시행하는 사업장도 많이 있다. 프로그램 포맷이 현재 상황 → 경영계, 노동계 찬반 입장, 각자의 어려움 호소 → 외국 일본 사례 소개 등 정형화된 형식인 듯하다.

방송 내용 중 4차 산업혁명, 비대면 문화의 확산시대에 노동에도 변화가 필요하다, 포스트 코로나 시대에 변화에 함께 대응해야 한다고 하였는데 근로시간 단축, 유연근무제 등 유연하게 대처하고 있는 우리의 기업 사례 혹은 제도 운영과정에서 시행착오를 겪는 다양한 산업군에서의 사례를 추가하였다면 시청자 입장에서도 코로나19 팬데믹 상황에서 주 52시간제 시행에 따라 노동 환경이 어떻게 바뀌어야 하는지, 대처하는 방식에 대해 좀 더 다각도로 알 수 있지 않았을까 한다.

〈일하다 죽지 않게〉, 죽음의 일터는 어디?

· · · · ·

 KBS는 #안전대한민국이라는 콘셉트로 감정노동자, 응급헬기 실태에 이어 '일하다 죽지 않게'를 뉴스 특집으로 다루었다. 연평균 800여 명, 하루 평균 2명 이상이 산재로 사망하고 있는 대한민국에서 노동자들이 희생되는 산업 재해 문제를 연속 기획으로 다루어 노동자가 일하다 죽지 않게, 안전하게 퇴근하기 위한 깊은 고민을 시청자들과 함께하고자 하였다. 연속 기획보도로 우리나라 산재 사망 실태, 산재 사고 유형, 업종, 원하청 비율, 죽음의 외주화, 산안법 위반 양형기준의 문제, 솜방망이 처벌, 대기업 산재 은폐 의혹까지 전방위적으로 다루었다.

 노동자의 고용안정, 처우 개선, 비정규직, 여성, 청년실업·취업난, 청소년, 외국인, 고령자, 특수고용직 종사자, 플랫폼노동자, 그 외 노동 사각지대 등 수많은 이슈들이 있지만 산재, 안전 문제는 노동자의 기본 인권, 생명권 문제이므로 집중적으로 다룰 필요가 있다.

2019년 산재 사망사고 855명, 그중 절반인 428명이 건설 현장에서 사망했다. 이 중 260명은 추락사했고, 다음으로 깔림사고의 비율이 높았다. 일터에 기본적인 안전조치만 되어 있어도 노동자의 죽음을 막을 수 있다는 점, 또한 50인 미만 소규모 사업장에서의 산재사망사고 비율이 전체의 77%에 이른다는 점에서 노동자의 소중한 생명을 보호하는 길이 먼 곳에 있지 않음을 알 수 있다. 관리감독대상 사업장은 2백만 곳이 넘는데, 산재 업무를 전담하는 고용노동부 산업안전감독관은 5백여 명에 불과한 부족한 인력, "산재발생 원인은 안전조치 미흡, 산재 예방 대책은 위험성평가"라는 '워딩은 맞지만 현실부조화'인 판박이 고용노동부 재해조사의견서로 인해 노동자의 허무한 죽음이 반복되고 있다.

모두가 알고 있고, 모두가 최소한의 안전조치를 취해야 하는 것을 인지하고 있어도 노동자의 생명 보호는 손에 잡히지 않고 있다. 이런 상황에서 연속기획보도로 다루고 있는 KBS의 '일하다 죽지 않게'는 공영방송 KBS의 외침으로도 들린다.

이러한 외침이 공허해지지 않도록 산재 발생의 근본 원인을 철저히 파헤치고 노동자가 사망해도 평균 '벌금 단 458만 원'을 내는 현실, 특히 산재 사망사고가 집중되고 있는 건설, 조선업이 산업재해율이 줄었다며 산재보험료를 연평균 2천억 원을 감면받고 있는 역설적인 현실에서 노동계의 원청인 대기업에도 산재 책임을 묻는 중대재해기업처벌법을 하루속히 제정되기를 바란다. 앞으로도 KBS가 이런 산재 사각지대, 다른 방송사가 다루지 않는 부분을 집중적으로 다루어주길 바란다. 노동자가 출근하여 안전하게 일하여 퇴근할 수 있도록 「안전한 일터, 건강한 대한민국」을 위해 KBS가 지금처럼 공영방송으로서 그 역할을 다해주기를 바란다.

〈김경래의 최강시사〉, '봉제 노동자 근로환경, 70년대와 달라진 것 없어'
근로계약서, 4대 보험도 없이 최저임금도 못 받는 노동현실

• • • • •

〈김경래의 최강시사〉에서는 그림자 노동, 투명 노동자인 봉제 노동자들에 관한 이야기를 다루었다. 전태일 열사가 '근로기준법을 준수하라'며 분신한 1970년 이후, 50년이 지났지만 그들의 노동현실은 근로계약서 미작성, 최저임금 미달, 4대 보험 및 퇴직금 미적용 등 여전히 열악했다. 현장에서 여전히 객공, 자영업자로 분류되어 열악한 노동환경에 처해 있는 봉제 노동자의 노동조건 개선 방향을 모색했다.

봉제 노동자들의 노동인권 문제의식을 가지고 노회찬재단 김형탁 사무총장, 서울 봉제인 노조의 박태숙 노동자가 프로에 출연했다. 현재 서울에는 9만여 명의 봉제 노동자가 있고, 10인 미만 사업장이 90% 이상을 차지한다고 한다.[20] 방송에서 인상 깊었던 것은 봉제노동자들의 열악한 노동현실을 사업주의 책임으로만 보지 않고 즉, 고용주와 대립이라기보다는 시장의 공정한 단가 문제라는 시각이었다. 20여 년 전 재킷 한 장 단가가 7,500원이었는데, 2020년 현재 기본 단가가 8,500원이라고 한다. 20년 동안 고작 1,000원 오른 것이다. 와이셔츠 같은 것은 10여 년 전 한 장당 1,300원에서 1,100원으로 오히려 공임비를 깎는 경우도 있다고 한다. 중국, 동남아 저임금으로 만든 옷이 시장에서 90% 가까이 차지하고 최저임금 인상이 문제가 아니라 공임비를 맞추지 못해 최저임금을 못 맞추는 거다, 일감 자체가 없다는 실제 봉제 노동자의 현실이 녹아든 인터뷰였다.

봉제 노동자의 일상의 삶과 노동환경을 개선할 수 있는 방안을 모색함에 있어 실태조사와 시장 유통시스템의 문제를 제기하며 봉제 노동자와 사업주의 싸움은 갑을 관계가 아닌 결국 병들 간의 싸움이 되므로 공정한 단가 형성을 위해 서로 협력해야 한다는 부분도 전통적인 악덕 사업주 프레임에서 벗어난 듯하여 상당히 공감이 되었다.

다만 방송에서 객공에 대한 설명 중, '옷을 만들려면 옷 1장당 얼마씩 받아가는 건데 근로계약 관계를 맺지 않고 있기 때문에 노동자로 분류가 되어 있지 않고 자영업자로 분류가 되어 있습니다. 특수고용 노동이죠. 그래서 자영업자로 분류되어 있고 그러하다 보니까 4대 보험이 적용되지 않습니다.'라는 불명확한 멘트가 아쉬웠다. 해당 인터뷰의 스탠스가 봉제 노동자가 특고 노동자여서 퇴직금, 최저임금에 적용이 안 된다는 것인지, 만일 그렇다면 해당 프로의 타이틀은 "봉제 노동자 근로계약서, 4대 보험도 없이 최저임금도 못 받는 근로환경… 70년대와 달라진 것 없어"와 논리적으로 일관성이 없다. 자영업자는 근로자가 아니므로 당연히 퇴직금, 최저임금이 적용되지 않는다. 자영업자라고 하면서 근로계약서, 4대 보험, 최저임금도 못 받는다고 주장하는 것은 논리적으로 부합하지 않는 것이다.

요컨대 '봉제 노동자가 특고 노동자여서 퇴직금, 최저임금에 적용이 안 된다는 것인지 아니면 열악한 노동환경으로 인해 노동법상 보호를 받지 못하는 것인지'가 불분명하다는 것이다. 김형탁 사무총장 인터뷰 내용을 워딩 그대로 해석하면 '객공이어서 근로자가 아닌 자영업자로 분류되기에 4대 보험이 적용되지 않는다.'가 적절한 표현일 것이다.

그들의 4대 보험, 퇴직금 미지급 등 노동실태가 그러할 뿐 봉제 노동자의 근로기준법상 근로자성 관련하여 대법원 판결[21]에 따르면 별도의 사업자등록을 하고 의류제조공정 중 봉제업무를 수행하고 기본급 없이 삭업량에 따른 성과급만을 지급받았다고 하더라도, 사업주의 지휘·감독을 받아 업무를 수행하였으므로 봉제 노동자가 근로기준법상의 근로자에 해당한다고 한 사례가 있다. 따라서 객공이라도 근로기준법상 근로자가 아니라고 단언할 수는 없는 것이다.

따라서 봉제 노동자를 근로기준법상 근로자로 본다는 입장에서는, '봉제 노동자는 노동현장에서 객공, 자영업자로 분류되어 4대보험 미가입, 퇴직금도 받지 못하는 형태가 많지만 이는 열악한 노동환경으로 인한 것으로 실질적인 근로 형태를 따져보았을 때 근로기준법상 근로자로서 인정되는 판례 추세에 비추어 근로자로서 4대보험, 퇴직금 적용 등 각종 노동법상 권리가 있을 것입니다. 이들 노동사각지대 해소를 위해 노력해야 할 부분입니다.'로 언급하든지, 혹은 봉제노동자를 자영업자로 본다는 입장이라면, '이들은 자영업자로 분류되어 각종 노동법상 혜택을 받지 못하고 있는 현실인데 이들을 최소한 특수고용형태종사자[22]로 보아 산재, 고용 임의가입을 통해 최소한의 노동사각지대 해소 방안 정도는 제도적으로 마련되어야 할 것입니다.' 정도의 멘트가 보완되었으면 논리의 일관성이 있었을 것이다.

30년, 40년 숙련공의 봉제 노동자는 비록 시간당 최저임금 수준의 임금을 받지만 옷을 만드는 것, 원하는 옷이 나왔을 때의 쾌감, 일 만족도는 높다고 한다. 앞으로 봉제인 노동조합, 사업주, 지방정부 3자 협의기구를 통해 봉제인의 열악한 노동환경 개선을 모색하고, 더불어 이와 유사한 제화, 인쇄 분야 노동자의 실태뿐 아니라 우리 사회의 숨은 노동, 그림자 노동, 내팽개쳐진 노동, 사각지대 노동을 찾아 KBS TV 프로그램에서도 많이 다루어 그들의 목소리를 들려주기 바란다.

<KBS뉴스>, 우리는 소모품이 아닙니다
KBS 자회사 청소 노동자, 정규직 전환 등 처우개선 요구

• • • • •

KBS 청소·시설관리 노동자들이 고용 안정과 병가 도입을 요구하며 투쟁에 나섰다. 노동자들은 KBS를 청소하고, 전기·통신 등 설비를 관리하는 자들로, 청사 관리 업무를 맡은 자회사 KBS비즈니스에 소속된 기간제 비정규직으로 KBS비즈니스가 설립된 뒤 30년 동안 노동자들은 열악한 조건과 고용 불안에 시달려 왔다고 주장하며 결의대회를 열고 고용안정 및 차별철폐를 요구하였다.

KBS 신관 앞에서 2020년 10월 KBS 청소 노동자 병가보장과 정규직 전환을 요구하는 기자회견이 있었다. 이 자리에서 청소 노동자 두 명은 삭발까지 하였다. 그들은 "우리는 엄연한 사람입니다. 우리도 KBS를 위해 일하는 노동자입니다. 우리는 소모품이 아닙니다. 1년짜리 계약서를 없애고 정년까지 일하게 해주십시오."라고 호소하였다.

사안의 발단은 KBS 시설을 유지·관리하는 자회사인 KBS비즈니스 소속 청소 노동자가 집에서 다쳐 발뒤꿈치가 골절되었는데 병가를 요구하자 회사는 "비정규직은 병가가 없다. 결근 처리하면 계산이 복잡하다, 무조건 출근하라."고 하여 목발을 짚고 출근하던 것에서 비롯되었다.

그런데 다른 곳도 아닌 KBS 신관 앞에서 하는 청소 노동자의 고용안정과 처우개선을 요구하는 이러한 기자회견, 삭발식이 KBS 뉴스에서는 다루어지지 않았다. 다른 지상파 방송에서도 마찬가지였다. KBS 뉴스 크랩 현장 영상과 유튜브에서 검색해야 찾을 수 있는 정도였다. 아울러 유사한 상황이던 지난해 11월, KBS 비즈니스 소속 청소노동자들의 처우개선 요구 피케팅도 다루지 않았다.

그동안 KBS는 「학교 비정규직 파업 예고, 서울대 청소노동자 사망 후 1년, 쉴 권리 열악한 찜통더위 속 청소노동자」를 다루는 등 노동자들의 노동 사각지대 현실을 거의 빠짐없이 다루었다. KBS는 뉴스가 핵심이고 뉴스의 핵심은 공정성이다. KBS 뉴스보도의 공정성을 평가받기 위해서는 지금의 상황에서도 동일한 기준을 유지해야 한다. 그런 면에서 유독 KBS 자회사 소속 노동자의 고용안정과 처우개선을 요구하는 기자회견 사안을 다루지 않은 것은 아쉬움이 크다. 앞으로는 이러한 이슈에서도 공정성, 객관성, 중립성을 유지하는 KBS가 되기를 바란다.

아울러 금번 사태에서 문제된 KBS 자회사인 KBS비즈니스는 다친 청소 노동자에게 목발을 짚고 억지로 출근하게 하는 것이 아니라, 회사 사규에 따른 별도의 병가가 없다면 노동자를 쉬도록 하고 일할 계산하여 급여를 지급했으면 될 문제이다. 급여계산이 복잡하니 무조건 출근하라는 것은 몸이 불편해 거동조차 어려운 노동자에게 최소한의 인권도 보장하지 않는 처사인 것이다. KBS비즈니스의 미션은 「가장 믿음이 가는 시설사업 전문 회사로 고령자가 일하기 좋은 사회적 기업이 된다」이다. 이번 일을 계기로 원청인 KBS는 사업장내 보편적 인권보장이라는 측면에서 자회사가 그 미션을 얼마나 잘 실천하고 있는지 짚어볼 필요도 있을 것이다.

〈오태훈의 시사본부〉, 택배 노동자 과로사 대책 마련

• • • • •

　한진택배 노동자가 2020년 10월 사망하여 올 들어 15번째로 택배 노동자가 숨졌다. 택배 노동자과로사대책위원회에 따르면 코로나19로 인해 올 1월에서 8월까지 물동량은 21억 6천만 개로 지난해 같은 기간보다 20% 증가했고, 1일 기준 코로나 이전 배송물량은 247개에서 코로나 이후 313개로 26.8% 증가, 분류물량은 412개에서 559개로 35.8% 증가했다고 한다.

　KBS는 그간 택배 노동자의 살인노동에 대해 〈시사기획 창〉, KBS뉴스 〈안전 대한민국, 일하다 죽지 않게〉 등 그간 시사, 교양, 뉴스를 통해 계속하여 다루며, 노동자의 안전한 노동 환경, 생명권 보호를 위해 의견을 꾸준하게 전달하였다.

　〈오태훈의 시사본부〉에서는 잇따른 택배 노동자의 사망에 대한 정부 대책을 듣기 위해 고용노동부 이재갑 장관이 출연하였다. 이재갑 장관은 택배 노동자 재해와 관련하여 택배 노동현장 긴급 점검 실시, 택배 기사의 건강과 안전을 보호하는 종합 대책 수립, 특수고용직으로 산재보험 적용제외 신청 강요 등 불법이 있는지 점검을 강화하겠다고 이야기했다. 특수형태노동자 산재보험료 경감법안 제출, 고용보험 지원 확대, 중대재해기업처벌법안 관련 사항, 산업안전보건법 개정 취지에 맞는 양형위원회에 개선 건의, 보건의료, 돌봄, 택배, 배달, 환경미화 등 필수노동자의 노동환경개선, 9월 취업고용동향까지 언급하며 방송시간 20분 동안 노동 분야를 전방위적으로 다루었다. 하지만 너무 많은 내용을 다루어 정작 택배 노동자의 잇단 사망을 막기 위한 집중 논의는 부족했다.

택배 노동자의 잇단 사망의 원인은 단순하다. 과로인 것이다. 장시간 노동, 과중한 노동을 하고 있기 때문이다. 즉, 택배 노동자들의 절규는 과거에 비해 지나친 택배량 폭주, 오전 7시에서 오후 2시까지 분류 작업 후 배송 진행으로 장시간, 고강도 노동으로 인한 것이다.

고용노동부의 장(長)인 장관이 출연하였는데 현재 벌어지는 택배 노동자들의 잇단 죽음에 대해 살인 노동을 없앨 특단의 대책이 무엇인지 집중적인 논의가 필요한 자리였다. 정작 방송 20여 분 동안 중요한 택배 노동자 살인 노동 강도에 대해서는 '택배 노동자 노동 실태 파악을 위한 점검을 하고 있다, 노사 간에 많은 얘기가 필요하다. 노사정 위원회 구성 예정이다.' 수준에서만 머물렀다. 2년 전 표준택배운송위·수탁계약서 초안까지 마련해놓고 정작 분류 작업 유무 체크, 배송 물동량 1일, 1주, 배송량 산정 기준에 있어 노, 사 양측 모두의 불만으로 무산된 선례가 있다. 그러던 중 시간은 흘러 택배 노동자 사망사고는 수차례 반복되고 있는 것이다.

이재갑 장관은 산업안전보건공단, 근로복지공단과 같이 기획감독팀을 구성해서 3주간 긴급 점검을 한다고 언급하면서, '택배사 터미널에서 일하는 분들 구성이 복잡하다. 택배사 소속 근로자, 하청업체 상하차근로자, 택배기사로 구성되어 임금근로자는 산업안전보건법이 전면 적용되고, 택배기사는 특수형태노동자여서 자영업자로 분류된다. 택배운송 위탁계약을 체결하고 자율적으로 일을 한다. 일부만 산업안전보건법이 적용되는데 작업환경 개선과 같은 안전보건조치를 실시했는지 산업안전보건교육을 실시했는지 이런 것들이 감독대상이다'라고 하였다.

청취자들, 국민들은 택배터미널에서 노동자가 임금근로자인지, 특수고용직노동자여서 근로기준법이 적용되지 않는지, 고용 형태에 따라 노동법의 적용 여부가 다르고 감독대상, 범위가 달라지는 것에는 관심이 없다. 잇따른 죽음에 대해 그들의 죽음을 막기 위해 현재 정부가 할 수 있는 최대한의 조치가 무엇인지를 방송에서 철저히 논의했어야 했을 것이다. 합동 기획감독팀에서 산업안전보건공단은 노동자의 건강진단, 작업 환경을 볼 것이고, 근로복지공단은 택배 노동자의 산재보험가입률, 산재보험 적용제외 신청서류상 허위 기재 등 문제점을 파악할 것이다. 그렇다면 고용노동부는 택배 노동자의 노동 시간, 업무 강도를 집중적으로 감독해야 한다. 해당 프로의 진행자는 문제의 본질인 택배 노동자의 죽음을 막기 위해 도대체 고용노동부가 어떤 부분을 점검하고, 점검항목이 무엇인지, 합동팀 각각의 역할이 무엇인지, 이 부분을 세밀하게 파헤치고 질문했어야 한다.

어떠한 항목을 구체적으로 점검하는지 전체 1일, 1주, 1개월 평균 노동시간, 휴게시간, 휴일, 근무일수 및 휴무 파악, 분류작업, 병가 등 발생 시 대체 노동자 투입 가능 여부, 분류작업에 투입되는 각 사업소별 인원, 전체 물동량 대비 택배 노동자 수, 4대보험 가입상황, 월 보수단가 산정기준, 방식, 보수총액 정도일 것이다. 근로기준법 미적용 대상으로 주 52시간제 적용 근무가 아니어도 전체 평균 노동시간을 파악 후 노동 강도를 줄이기 위한 분류작업 인원 충원, 개인별 하루 취급 물량 적정선 설정 등 가이드라인 정도는 권고할 수 있는 것은 아닌지 진행자가 좀 더 집중적으로 질문을 하였으면 하는 아쉬움이 있다.

또한 현재 고용노동부, 산업안전보건공단, 근로복지공단과 같이 기획감독팀을 구성해서 전국에 터미널 45개소, 대리점 423개소를 망라해서 대대적으로 점검 중으로, 전체 468개소를 3주 21일간, 하루 22개소씩 점검하겠다는 것인데 현재의 행정력으로 실효성 있는 감독이 가능한 것인지 의문이 든다.

공인 노무사들이 자주 쓰는 사자성어 중 하나는 우문현답인데, '어리석은 물음에 현명한 대답'이라는 의미가 아닌, '우리들의 문제는 현장에 답이 있다.'는 의미로 주로 사용한다. 택배 노동자들이 지속적으로 호소하고 있는 것은 「택배폭증 이대로는 다 죽는다, 분류작업 추가인력 즉각 투입하라」이다. 택배 노동자들은 10여 년간 계속 절규하고 있고 그들의 죽음은 반복되고 있다. '배송 시스템을 개선해 달라, 무게의 하중을 완화할 수 있도록 상자에 구멍을 만들어 들기 쉽게 해달라.' 그들의 요구는 과도한 것이 아니다. 철저한 현장점검을 통한 배송 시스템을 개선하여 노동시간 단축, 노동 강도를 조정하는 것만이 택배 노동자를 살리는 길이다.

안전하고 건강한 노동 조건은 모든 노동자가 누려야 할 기본적인 권리이다. 근로기준법상 근로자이냐 특수고용형태노동자이냐 고용 형태에 관계없이 노동자의 생명권이 위협받지 않도록 서둘러 대책을 마련해야 한다. 택배 노동자의 부당한 노동 환경을 개선하기 위해 공영방송으로서 KBS의 역할이 중요하다. 앞으로도 현장 중심 비판의식을 가지고 이를 지속적으로 다뤄주기 바란다.

〈일하다 죽지 않게〉, 더 이상은 일하다 죽지 않게

• • • • •

    2019년 산업재해 사망자 수 2,020명, 하루 평균 5.5명, OECD 국가 중 지난 23년간 산재 사망률 1위! 2020년 한 해를 강타하고 있는 코로나 팬데믹 아래 2020년 7월 1일부터 11월 11일까지 4개월간 산재 사망한 노동자 329명, 이 기간 중 코로나19 사망자 205명으로 코로나로 인한 사망자 수보다 산재사망자 수가 많은 한국이다. 우리나라의 노동자 만 명당 사고 사망자 수는 영국과 독일의 5배, 일본의 3.5배에 이른다고 한다.

    KBS 9시 뉴스는 2020년 7월부터 매주 목요일 노동건강연대와 함께 〈일하다 죽지 않게〉를 연속 보도하며 매주 사망한 노동자 수를 알림과 동시에 일터에서 다치거나 숨지는 산업재해 문제를 지속적으로 이야기하였다.

    OECD국가 중 지금의 한국만큼 "일하다 죽지 않게 해주세요"라고 외치는 나라가 있을까 싶은 요즘이다. 날마다 노동자들이 죽어나가고 산재 사망사고는 매일 반복되고 있다. 2008년, 2020년 발생한 이천 물류창고 화재사고는 용적률 제한을 피하기 위해 지하로 파고들어가면서 지하에서 화재로, 발생연도만 다를 뿐 발생 원인과 상황은 판박이같이 똑같다. 반복되고 있는 것이다.

KBS 9시 뉴스는 올 7월부터 매주 목요일 노동건강연대와 함께 〈일하다 죽지 않게〉를 연속 보도하며 매주 사망한 노동자 수를 알림과 동시에 일터에서 다치거나 숨지는 산업재해 문제를 지속적으로 이야기하고 있다. '장애인에겐 더 힘든 '산재 인정'…관련 통계조차 부실', '"노동자 목숨보다 이윤?" 이대로는 안 된다', '일과 맞바꾼 아이 건강…2세 산재 신청부터 장벽', '사고 때만 '사장님' 되는 배달노동자들…산재 보상은 '막막'' 등 과로사 노동시간 입증에 어려움을 겪는 유족부터 건설현장 추락 방지시설 설치, 안전 보호 미조치 실태, 장애인, 태아 2세 산재 신청, 대리운전기사 산재 미가입 실태, 방사선에 피폭된 승무원 산재, 배달 노동자 산재, 외국인 노동자 산재 이른바 위험의 이주화 문제 등 전방위적으로 산업 재해 노동 실태를 꾸준히 다루고 있다.

특히 KBS는 지난 2020년 11월 30일부터 12월 6일까지 일주일간 〈더 나은 삶 안전한 대한민국 - 일하다 죽지 않게〉라는 슬로건으로 산업 현장의 안전을 심층적으로 점검하며 뉴스9 〈일하다 죽지 않게〉 특집보도뿐만 아니라 특별생방송 〈더 나은 삶 안전한 대한민국〉, 산업안전재해 공론의 장을 마련하기 위한 〈심야토론〉, 〈일요진단 라이브〉, 〈사사건건〉, 다양한 교양 프로그램을 통해 산업재해근로자 구제절차 등 정보를 알아보는 〈아침마당 화요초대석〉, 〈무엇이든 물어보세요〉, 〈더라이브〉, 〈굿모닝대한민국 라이브〉를 편성하는 등 산업재해 예방을 위한 전사적인 노력을 기울이고 있다.

경제 규모 세계 10위권임에도 OECD 산재 사망률 1위라는 생명 경시 노동 풍토에서 이제는 생명의 가치가 존중받을 수 있는 방안을 고민하고 실천해야 할 때이다. 코로나 K방역 수준과 성과를 보거나, 주 최대 52시간 시행 전 장시간 노동에 시달리던 버스운전 기사 졸음운전 사고의 감소, 우체국 집배원 여유율 3%(1시간당 1.8분 휴게)에서 12.5%(1시간당 7.5분 휴게)[23]로 조정하는 것을 보며 산업안전은 정부 정책 역량 집중의 문제가 아닐까 한다.

그런 면에서 '노동 현실 및 노동인권에 대해서는 아직까지도 후진국의 오명을 벗어나지 못하고 있는 현실'을 매섭게 꼬집고 비판하는 KBS 〈일하다 죽지 않게〉를 매주 시청하면서 산재 사망국 1위라는 오명을 끊으려는 비장한 각오와 의지가 느껴진다. KBS 뉴스 〈일하다 죽지 않게〉는 민주언론시민연합(민언련)이 선정하는 이달의 좋은 보도상 및 언론인권센터가 선정하는 제19회 언론인권상 특별상을 연이어 수상하였다. KBS의 노동자의 생명권 보장을 위한 노력의 결과이다.

위험의 외주화, 비정규직 문제, 고용구조 파편화로 죽은 사람은 있는데 처벌받는 사람이 없는 현실, 산업재해에 대해 기업들의 책임을 분명하게 물을 수 있는 중대재해기업처벌법 제정 문제, 산업안전 법원 양형 기준 강화 문제, 배달료 3천 원을 목숨값이라며 목숨 걸고 일하는 플랫폼 배달 노동자, 특고 종사자 전국민 산재보험, 현재 권고 수준인 택배 기사 과로사 방지대책문제, 정부 감독기관의 역할 강화 등 산적한 문제가 많다.

지난 2020년 11월 13일 전태일 50주기 추모 열기가 뜨거웠다. 50년이 지난 지금 우리는 노동자의 인간답게 살 권리에 대해 똑같이 외치고 있지 않나 생각하게 된다. 앞으로도 이러한 부당한 노동환경을 개선하기 위해 공영방송으로서 KBS의 역할이 중요하며, 현장 중심 비판의식을 가지고 이를 지속적으로 다뤄주기 바란다. 먹고살기 위해 나온 일터에서 죽지 않고 일할 권리, 노동자도 인간답게 사는 사회가 되길 꿈꾼다.

2021년

〈김경래의 최강시사〉, 이주 노동자 노동현실
〈시사기획 창〉, 당신은 지금 어떤 일을 하고 있습니까?
〈KBS 뉴스9〉 임금체불보고서, 전문가 협업 취재가 돋보인 기획
〈KBS 뉴스9〉, 경직된 위계구조 속 막말 갑질… 직장 문화의 민낯
〈시사기획 창〉, 그림자 과로사
〈시사기획 창〉, 월급이 사라졌다
〈KBS 뉴스9〉, 다양한 노동이슈를 다루다!
〈KBS 뉴스9〉, '편견과 혐오의 올림픽- KBS가 중심 잡아야'
〈다큐인사이트, 국가대표〉, 동일노동 동일임금의 실현
〈KBS 뉴스9〉, 세상에 '남의 일'이란 없습니다
〈KBS 열린토론〉, '고용 없는 성장' 포스트코로나 시대
〈시사기획 창〉, '[급구]이주노동자 불법을 삽니다'

〈김경래의 최강시사〉, 이주 노동자 노동현실
노동부, 이주노동자 비닐하우스 내 불법 가건물 거주 묵인하고 있어

• • • • •

지난 2020년 12월, 31세 캄보디아 외국인 여성 노동자가 경기도 포천의 비닐하우스 숙소에 홀로 지내다 숨진 채 발견되었다. 최초에는 저체온증으로 인한 사망으로 추정하였으나 시신을 부검한 결과 간경화로 인한 합병증으로 사망했다는 소견을 받았다. 이 사건으로 캄보디아 노동자가 지내온 비닐하우스 숙소의 열악한 거주 환경이 논란이 되었고 이에 대해 〈김경래의 최강시사〉에서 이주 노동자 불법 가건물 거주 실태, 노동 인권 문제에 대해 시의적절하게 다루었다.

〈김경래의 최강시사〉는 방송에서 포천이주노동자상담센터 김달성 대표를 전화 연결하여 이들 이주노동자들의 열악한 노동환경에 대해 인터뷰하였다. 동료 노동자들에 따르면 해당 사건의 비닐하우스 숙소는 난방이 가동되지 않았고, 이주 노동자 숙소가 주로 비닐하우스 안에 컨테이너나

샌드위치 패널 가건물로 사람이 살아서는 안 되는 곳임에도 기숙사비를 월급에서 10여 퍼센트씩 뗄 수 있도록 지침을 만들어 보급하고 있다. 이들은 고용노동부의 관리 소홀로 이러한 노동환경이 방치되고 있다고 지적하였다.

현재 고용노동부와 한국산업인력공단(외국인인력상담센터)은 〈외국인근로자 숙식 정보 제공 및 비용 징수 지침〉을 안내하고 있는데 그 내용은 ⅰ) 상용주거시설(아파트, 단독주택, 다세대 등)의 경우 숙소, 식사 모두 제공시 월 통상임금의 20%까지, 숙소만 제공시 월 통상임금의 15%까지 공제할 수 있고 ⅱ) 임시주거시설(판넬 주택 등)의 경우 숙소, 식사 모두 제공시 월 통상임금의 13%까지, 숙소만 제공시 월 통상임금의 8%까지 제공할 수 있도록 하고 있다. 월 통상임금의 8%~20%까지의 숙식비 공제는 2021년 최저임금 시간당 8,720원, 월 통상임금산정기준시간수 209시간을 기준으로 했을 때 기준임금 1,822,480원의 145,798원(8%)에서 364,496(20%)원에 해당하는 금액이다. 방송에서 김달성 대표가 10여 프로라고 언급했지만 보다 정확한 정보를 전달하는 것이 언론의 역할이다. 아래는 외국인 표준근로계약서 중 숙식과 관련된 내용을 발췌하였다.

10. 숙식제공	1) 숙박시설 제공 - 숙박시설 제공 여부: [　] 제공　[　] 미제공 　제공 시, 숙박시설의 유형([　]주택, [　]고시원, [　]오피스텔, [　]숙박시설(여관, 호스텔, 펜션 등), [　]컨테이너, [　]조립식 패널, [　]사업장 건물, 기타 주택형태 시설(　　) - 숙박시설 제공 시 근로자 부담금액: 매월　　　원 2) 식사 제공 - 식사 제공 여부: 제공([　]조식, [　]중식, [　]석식) [　]미제공 - 식사 제공 시 근로자 부담금액: 매월　　　원 ※ 근로자의 비용 부담 수준은 사용자와 근로자 간 협의(신규 또는 재입국자의 경우 입국 이후)에 따라 별도로 결정.

외국인 표준근로계약서(고용노동부)

　김달성 대표는 우리나라에 있는 이주 노동자는 2021년 현재 150만 명으로 추산되며, 이들 없이는 채소도 과일도 생선도 먹기 힘들고 중소기업도 가동될 수 없는 현실을 언급하며 이들 이주 노동자의 열악한 노동 환경, 거주 환경을 개선하라는 뼈아픈 지적을 했다.

　그런데 정작 이주 노동자의 노동인권 문제에 대해서 KBS가 그간 소홀히 다룬 것은 아닌가 한다. 〈김경래의 최강시사〉 또한 "근로기준법 제대로 적용 안 돼도 사장 눈치봐야…이주노동자 노동환경 변화 없어"라는 주제를 다루었는데 이주노동자 장시간 노동, 시간외수당미지급, 10년을 일해도 숙련도 미반영 최저임금 지급 및 사업장변경제한 등 고용허가제 문제를 비교적 상세히 짚었으나 여전히 아쉬움이 있다.

외국인고용허가제는 외국인 근로자가 최초 고용허가기간 3년에 연장 1년 10개월, 총 4년 10개월을 한국에서 근무한 후, 성실근로자의 경우 출국 후 3개월, 재입국근로자의 경우 6개월 후에 한국에 돌아와 다시 근무할 수 있다.

그런데 2020년 1월 코로나19 사태 이후 외국인 근로자 신규 입국은 거의 중단되었고, 기존 외국인 근로자도 고용 허가 기간이 만료된 후 출국하지 못하는 상황이다.[24] 지난 4월 한 차례 취업활동기간을 50일 연장해주었을 뿐, 외국인 노동자는 고용허가 기간은 종료하였고 출국하지 못하는 상황에서 출입국관리사무소에서 체류기간만 50일씩 계속하여 연장하여 주고 있다. 외국인 노동자는 언제까지 계속될지 모르는 코로나19 상황에서 근무하지 못해 수입도 없는 채 한국에 체류하고 있고 사업장도 신규인력을 채용하지 못해 난처한 상황이다. 중소기업중앙회는 2020년 8월 기준 외국인 근로자 고용허가신청업체 96.5%가 이주 노동자 입국 중단으로 생산 차질이 발생할 위기에 처했다고 한다. 이런 현실을 짚어주는 것이 필요하다.

물론 KBS 뉴스를 통해 부족한 외국인 인력난으로 법무부 허가를 받아 결혼이민자 가족이 근무할 수 있도록 하는 "과메기 생산 일손 부족…결혼이민자 가족 투입", "코로나19 여파, 농촌 일손 부족…외국인 근로자 구하기 '별 따기'" 등을 보도하기도 하였지만 허가기간 만료로 출국해야 하는 외국인 노동자가 코로나19로 출국하지 못해 체류 기간을 50일마다 연장하는 지금의 현실, 인력 공백을 어떻게 메울 수 있을지를 고민하여 보도하였다면 이주 노동자 및 인력난을 호소하는 농어촌 및 중소기업에게도 도움이 되지 않을까 한다.

  방송에서 이주 노동자 불법 가건물 거주 실태에 대해 언급하며 고용노동부가 사실상 방관하고 있다고 지적하였고, 이에 대해 고용노동부는 비닐하우스 숙소 제공 시 고용 허가를 허용하지 않기로 하고 사업주 노동인권 교육 강화, 각종 고용허가 가점제를 활용해 사업주의 주거시설 개선을 유도할 예정이라고 발표하였다. KBS는 이를 인터넷 뉴스로만 다루었는데 여기에 더해 외국인 노동자 숙소 실태 전수조사, 숙소가 열악할 수밖에 없는 현실을 집중적으로 파악하여 외국인노동자 숙소 지원방안, 전반적인 노동조건 등 실질적으로 근로환경, 노동인권을 개선할 수 있는 뉴스 등 후속 프로를 기획하였으면 한다.

〈시사기획 창〉, 당신은 지금 어떤 일을 하고 있습니까?

● ● ● ● ●

"당신은 어떤 일을 하십니까?"

살기 위해 죽는 곳, 잔혹한 대한민국 일터의 다른 이름이다. 사고로 죽어가는 근로자 얘기만은 아니다. 산업재해 사망자 중에는 유해 환경에 오랜 기간 노출된 탓에 자신도 모르게 직업병으로 희생되는 근로자들이 있다. 그런데도 우리는 그들이 누군지, 어떤 일터에서 일했는지 묻지 않는다. 〈시사기획 창〉은 오랫동안 외면 받아 온 '직업성 질환'을 추적했다. 얼마나 많은 근로자가 유해물질을 흡입하는지, 어떤 일터의 근로자들이 직업병에 취약한지 우리는 들여다보지 않고 있다. 그 사이 직업병은 위험과 함께 취약한 근로자에게 외주화되고 있으며, 원청과 하청 사이 건강 양극화는 더 심각해지고 있다. 〈시사기획 창〉은 우리 정부에 직업병 사각지대를 줄일 해법을 묻고, 건강한 일터의 조건을 짚어보았다.

〈시사기획 창〉은 국내 최초로 국민건강보험 빅데이터를 활용해 직업별

암 발병률을 분석하였다. 우리나라 전체 임금근로자는 1,500만 명으로 백혈병과 폐암 진단을 받은 근로자들이 어떤 직장에 다녔는지 추적하였고 그 결과 특정 일터에서, 백혈병은 34개 업종에서, 폐암은 17개 업종에서 암 발병률이 높게 나왔음을 확인했다. 국내 최초로 〈직업성 암 지도〉를 그린 것이다.

방송에서는 "모든 직업과 각종 직업병 사이의 연관관계를 보여주는 데이터는 없음"을 폭로하며 정부가 얼마나 많은 근로자가 유해물질을 흡입하는지, 어떤 일터의 근로자들이 직업병에 취약한지 들여다보지 않고 있음을 지적하였다. 암 환자 진단은 쏟아지지만 정작 직업성 암은 숨겨져 있는 현실, 우리는 얼마나 많은 노동자들이 일터의 습격에 희생되는지 알지조차 못한다는 현실을 지적하며 '살기 위해 죽는 곳', 잔혹한 대한민국의 일터를 생생하게 다루었다.

도입부에서 포스코에서 직업성 암을 호소하는 노동자들, 20년 동안 산재 승인 업무상 질병 단 7건, 발병률 0.039%로 제조업 평균 0.14%에 훨씬 미치지 못하고, 매년 우리 국민 24만 명가량이 암 진단을 받는데 이 가운데 직업성 암 승인을 받는 근로자는 불과 240명에 그치며, 비율로 보면 0.1%로 다른 주요 나라들의 직업성 암 평균 비율 4%보다 턱없이 낮은 상황을 지적하였다. 미국, 영국 등 세계 평균 암 환자의 4%가 직업성 암으로 판단되는 비율에 비추어 볼 때, 우리나라의 경우 9,600명을 직업성 암 환자로 추정할 수 있다. 직업성 암 환자들이 만여 명 가까이 숨어있는 것이다.

또한 오타마저 복붙, 복사하여 붙이기 하는 위험성 평가와 고양이에게 생선을 맡기는 격인 형식적인 작업 환경 측정, 브로커를 매개로 병원 돈벌이로 전락한 특수건강검진을 신랄하게 비판하였다. 직업병 사각지대를 줄이기는커녕 사업주와 병원 손에 맡겨진 채 노동자의 희생을 방치하고 있는 현실을 날카롭게 지적한 것이다.

〈직업과 암〉 지도를 방송 최초로 그린 것은 분명 획기적인 시도였다. 방송이 나가자 시청자들의 공감과 호응도 높았다. 〈시사기획 창〉 유튜브 댓글을 보면 "제작진 분들의 노고에 감사드립니다, 제가 내는 시청료가 값있게 쓰인 듯합니다, 계속 응원하겠습니다, 영상 진심으로 감사드립니다, 노동자의 목소리에 관심 가져주셔서 감사합니다, 이런 게 언론이지요!" 등 칭찬이 잇따랐다.

방송에서 비판한 현재의 직업성 질병 관련 문제는 크게 두 가지로 추려볼 수 있다. 첫째, 직업-직업병 사이의 연관 관계를 보여주는 데이터가 없다. 둘째, 산업안전보건제도 위험성평가, 작업환경측정, 특수건강검진 등 현재의 산업안전보건제도가 정상적으로 작동되고 있지 않다는 점이다. 이 두 가지는 방송에서 충분히 의미 있게 지적되었다. 그런데 이 외에 세 번째로 당장의 직업성 암 승인 근로자가 240명에 그쳤다면, 산재 신청근로자가 해마다 몇 명인지, 승인율을 따져보며 '정부의 직업성 암 산재승인 기준과 승인율, 직업성 산재 신청 관련 과거 데이터'를 살펴보았다면 총체적인 의미가 있었을 것이라는 아쉬움이 있다.

실제 2018년 직업성 암 산재 신청 건수 289건 가운데 205건이 산재로 인정됐고,[25] 산재 승인률은 70.9%로 2010년 직업성 암 산재 신청 건수 174건, 인정 건수 30건으로 17.2%에서 크게 높아졌다. 최근 정부가 직업성 암 산재 인정 기준을 확대하고 있는데, 작업 기간, 노출량 등에 대한 인정 기준만 충족하면 산재로 인정하고, 이 기준에 미달하더라도 의학적 인과관계가 있으면 산재로 승인하고 있기 때문이다.[26]

또한 산업재해보상보험법 제37조 제1항 제2호는 업무상 질병에 관하여 규정하고 있고 산재 보상 관련하여 별도의 [직업성 암의 업무상 질병인정 기준][27]을 두고 있다. 산업재해보상보험법 시행령 제34조 제3항 및 별표 3 제10호에 따르면 폐암, 후두암, 난소암, 피부암, 방광암, 비인두암, 골수성 백혈병, 림프구성백혈병, 림프종, 간세포암, 간암, 유방암, 엑스(X)선 또는 감마(γ)선 등의 전리방사선에 노출되어 발생한 침샘암, 식도암, 위암, 대장암, 폐암, 뼈암, 피부의 기저세포암, 유방암, 신장암, 방광암, 뇌 및 중추신경계암, 갑상선암 등으로 직업성 암을 다양하게 규정하고 있다.

프로그램 제작의도는 이렇게 다양한 직업성 암이 있는데 어떠한 직업이 위험성을 가지는지 정부가 직업성 암 환자 찾기에 나서지 않고 있다는 것이었다. 정부는 그저 수동적으로 산재 신청이 들어오면 업무상 상당인과관계가 있는지 여부만 판단하여 소극적으로 산재 승인해주고 있는 것이다. 이 부분을 더 집중적으로 비판하였다면 시청자들이 현재의 직업성 암이 가지는 정부, 기업, 병원의 총체적인 문제점이 무엇인지 더 상세히 알 수 있었을 것이다.

방송에서 말하는 직업성 암 승인 240명, 이는 정확히 2019년 기준 238명을 말하는데 이 노동자만이 직업성 암 산재 승인을 받는다면 연도별 직업성 암 산재 신청자가 몇 명인지, 왜 이렇게 산재 신청자가 적은지, 일하다가 암에 걸리는 사람이 없어서가 아니라 직업성 암을 찾아내는 시스템이 사실상 없고 회사는 유해 물질에 대해 잘 알려주지 않고 병원에서도 무슨 일을 하는지 묻지 않아 계속해서 방치되고 있다는 것이라는 것을 연계해서 보여주었다면 현재의 직업성 암 산재 시스템의 총체적인 문제점을 시청자들이 이해하는 데 도움이 되었을 것이다.

현재 의료 체계 속에서 직업성 암 환자를 조기에 발견하고 추적하고 확인하는 사회 시스템을 정책적으로 마련해야 한다는 제작진의 메시지는 절실히 공감했다. 노동자들이 암에 걸려 병원에 갔을 때 진단 과정에서 작업 이력과 직업 환경을 면밀히 확인하고 이를 고용노동부 등 관계기관에 공유하는 절차를 의무화하면 '일터의 환경적 특성'에 의해 발병하는 직업성 암을 적극 예방할 수 있을 것이다.

포스코 노동자의 과거에 '까만나라, 하얀나라, 빨간나라에서 일했다.'는 진술에서 이제는 '당신은 지금 어떤 일을 하고 있습니까?'라는 질문으로 숨겨진 직업병을 찾아내야 할 시점이다. 이 화두를 던진 금번 프로에서 KBS만이 다룰 수 있는, 공영방송으로서의 존재 이유를 보여주었다. 특히 건설, 제조업 산재에 집중되어 있는 언론이 종로 귀금속 공장, 의복 액세서리 제조업 등 소규모 사업장의 안전보건 실태, 얼마나 많은 노동자가 유해물질에 노출되어 있는지 제대로 조사된 적 없고 위험을 모르는 척,

외면하는 현실, 사각지대를 보여준 점도 인상 깊었다. 앞으로도 이런 노동 사각지대를 면면히 들여다보고 새로운 화두를 던질 수 있는 KBS가 되기를 바란다.

〈KBS 뉴스9〉 임금체불보고서, 전문가 협업 취재가 돋보인 기획

· · · · ·

　〈KBS 뉴스9〉은 2021년 설 연휴 직전 〈임금체불보고서〉를 기획하여 4회에 걸쳐 보도했다. 노동을 한 대가는 물론 참아낸 대가, 견뎌낸 대가가 모두 담긴 월급, 미국에서는 '임금절도(wage theft)'라고 표현하며 임금 체불 피해자 연간 30만 명, 체불 금액 1조 6천억 원으로 OECD 국가들 가운데 최고 수준인 우리나라 임금 체불의 문제를 집중적으로 다루었다. 임금 체불 문제를 생존권이 달린 노동법적 문제라기보다는 경제사범 같은 경제적 관점으로 바라보는 기존의 시선을 지적하며 심층성 있게 보도했다.

　월급을 반년 넘게 주지 않은 사업주, 억대 임금을 체불하고도 28번의 노동청 조사에 불응하다가 구속된 뒤에야 부랴부랴 밀린 임금을 지급하고 풀려난 사업주, 하청 노동자 · 외국인 노동자의 임금 체불, 제도 개선 방안을 전문가 협업 취재를 통해 전방위적으로 보도했다. KBS 뉴스는 〈일하다 죽지않게〉 연중기획으로 노동자가 죽지 않는 일터를 만들기 위해 노력한 데 이어 "오늘 못 벌면 내일 죽어야 한다. 죽고 싶은 심정"이라는 어느 임금 체불된 노동자의 인터뷰 내용처럼 노동자의 생존과 맞닿아 있는 임금 체불 문제를 신랄하게 분석, 현 제도를 비판하였다.

이번 〈임금체불보고서〉 기획은 여느 시사, 토론 프로그램을 보는 듯했는데 철저한 문제의식을 가지고 대안을 제시하는 심층성 있는 보도였기 때문이다. KBS 뉴스9은 원하청 임금 체불 문제를 개선하기 위한 '임금 직접 지급제', 상습적으로 체불하더라도 뒤늦게 돈을 지급하고 노동자와 합의하면 법적 책임을 면할 수 있는 '임금 체불 반의사불벌죄의 문제점', 산재보험 적용제외 사업장인 4인 이하 개인 소규모 농장에 근무하는 외국인노동자 '소액체당금 미적용문제', 지연이자 실효성 확보, 피해자 수나 미지급 기간을 고려하여 이를 양형 기준에 반영하는 '양형 기준 강화', 체불 임금액의 최대 3배의 '징벌적 배상금 부과 제도', 노동자의 신속한 구제를 위해 '임금 체불 전담 기구 설치' 등 4회에 걸쳐 집중적으로 보도하였다.

또한 〈임금체불보고서〉에서 전문가 그룹과 임금 체불 1심 판결문 1,200여 건을 분석하여 사업장 규모별 임금 체불 비율이 '5인 미만 사업장에서 35%, 30인 미만 사업장에서 73.7%, 100인 미만 사업장의 임금 체불사건이 99%에 해당'된다는 사실을 언급하며 소규모사업장 노동자를 더 보호하는 방안이 마련되어야 하고, 임금 체불은 한 노동자의 생계를 파괴할 수 있는 심각한 문제인데 판사들이 이를 생존권이 달린 노동법적 문제라기보다는 경제사범 같은 경제적 관점으로 보고 있는 점을 지적하여 의미가 있었는데, 이는 기존의 리포트 중심의 보도였다면 나오기 어려운 멘트이다.

KBS는 노동건강연대와 함께 〈일하다 죽지 않게〉 시리즈를 협업 취재하였고, 이번 〈임금체불보고서〉는 뒤이어 [노무법인 노동과 인권]과 함께 전문가 협업취재로 다각도로 분석, 중요 의제를 심층 취재한 결과물로 출입처 등에서의 단순 정보로 1꼭지를 만드는 관행에서 탈피하려는 KBS의 노력이 돋보였다. 2019년 말 출입처 논쟁이 떠오를 무렵 대안 시스템 중 하나로 전문가 협업 취재망 구축을 꼽았고, 이는 출입처 중심의 정보에서 벗어나 시민사회와 전문가 그룹 목소리와 관점을 뉴스에 반영한다는 것이었다. 본 프로그램은 이를 충실히 반영한 결과로서 기존의 짧고 정형화된 리포트 중심의 보도에서 벗어나 심층 보도로 사회적으로 중요한 의제를 설정하고 시청자들의 의제 참여를 이끌어낼 공영방송으로서의 사회적 책무를 이행한 것이라고 본다.

특기할 만한 점은 건설현장 하청노동자 체불임금 보도 직후, 고용노동부가 보도자료를 통해 올해부터 6개 노동청에 강제수사 지원팀을 설치하여 악의적인 임금 체불 사업주에 대해 체포, 구속 수사 등 엄정히 대처하겠다고 하며, 동 사건에 대해 당사자 조사를 통해 최선을 다해 신속히 조사 완료하겠다고 표명한 점이다. 또한 뉴스9에 보도된 '5년간 104명 사망에도 대기업들 산재보험 2,800억 감면' 기사에서 정부가 산재보험료 할인율을 계산할 때 외주나 파견업체의 사고를 포함하지 않아 대기업이 산재보험료 할인을 받은 것을 지적한 것과 관련하여 고용노동부가 당일 오후에 "대기업이 유해, 위험업무를 외주화함으로써 부당하게 보험료를 할인받는 혜택이 없도록 보험료 할인구조를 합리적으로 개편해 나가겠다"고 보도자료를 내는 등 발빠르게 관련 대책을 내놓았다. KBS 뉴스의 심층성 있는 보도로 공영방송이 공론장으로서의 본연의 기능을 수행한 것이다.

문제는 금번 KBS 뉴스9 〈임금체불보고서〉 기획이 갖는 의미와는 별개로 KBS 또한 방송사로서 복잡한 원·하청구조, 외주제작사와의 관계에서 노동법상 문제에 자유로울 수 없다는 것이다.

지난 1월 외주업체의 임금 체불 문제가 발생하였는데 〈TV는 사랑을 싣고〉 시즌1 스태프 임금 체불, 〈개는 훌륭하다〉 출연료 미지급으로 '개통령 강형욱도 못 받은 출연료, 진정 고소 수백 건'이라는 기사(중앙일보, 2021. 2. 16)도 있었다. 2016년부터 2020년까지 5년간 KBS 방송 프로그램 제작을 맡았던 외주제작사 70여 곳에 대해 총 234건의 고소 및 진정이 접수된 것으로 확인되었는데 연평균 46건, 1개월에 약 4건으로 적지 않은 건수이다. 해당 제작사들은 임금 및 퇴직금 체불로 근로기준법 제36조, 근로자퇴직급여보장법 제9조 등 각종 노동관계법을 위반한 혐의를 받았다고 한다. 이에 대해 KBS는 "제작비 지급은 완료되었지만 제작사에서 체불한 것"이라고 입장을 표명하였지만 〈KBS 뉴스9〉에서 다룬 〈임금체불보고서〉 '원청도 하청도 "책임 없다"…건설 노동자들만 설움' 기사를 반면교사로 삼아야 할 것이다.

KBS는 앞으로 외주 제작사의 재무 건전성, 과거 임금 체불 전력 유무 등 노동인권존중 감수성을 고려하여 열악한 근로환경을 개선하기 위해 노력하고 외주제작사에 대한 불공정한 관행이 있는지, 같은 일이 반복되지 않도록 근본 대책을 강구해야 할 것이다.

〈KBS 뉴스9〉, 경직된 위계구조 속 막말 갑질…
직장 문화의 민낯
직장내괴롭힘금지법 시행 2년, 과연 얼마나 달라졌을까?

• • • • • •

직장 내 괴롭힘이란 '직장에서의 지위 또는 관계 등의 우위를 이용하여 업무상 적정범위를 넘어 다른 근로자에게 신체적·정신적 고통을 주거나 근무환경을 악화시키는 행위'를 말한다. 직장내괴롭힘금지법은 노동자 인권을 보호하고 건강한 노동환경을 위한 최소한의 장치를 마련하기 위해 2019년부터 시행되고 있다.

직장내괴롭힘금지법이 시행됐지만, 직장 내 갑질, 모욕감을 주는 막말은 여전하며 직장 내 괴롭힘 신고 후, 보복 조치, 사업주의 적절한 조치의무 불이행에 대한 처벌 조항이 없어 실효성이 없다는 문제 제기가 많으며, KBS뉴스도 직장내괴롭힘금지법은 시행 후 지속적으로 이에 대한 사안을 다루고 있다.

직장내괴롭힘금지법 시행 이후 직장 내 괴롭힘 신고 후, 보복 조치, 사업주의 적절한 조치의무 불이행에 대한 처벌 조항이 없어 실효성이 없다는 문제 제기가 많았다. 국가인권위원회는 지난 2021년 1월 20일 노동자의 인격권과 신체적·정신적 건강보호를 위해 '제3자 괴롭힘으로부터 노동자 보호, 4명 이하 사업장에 대한 적용 확대, 행위자(가해자)에 대한 적절한 처벌규정 도입, 직장 내 괴롭힘 예방교육 의무화' 등 관련 제도를 개선할 것을 고용노동부 장관에게 권고했다. KBS 뉴스도 직장내괴롭힘금지법 시행 후 지속적으로 이에 대한 사안을 다루고 있다.[28]

'"경직된 위계구조 속 막말 갑질"…직장문화의 민낯' 보도에서 직장 내 괴롭힘 시행 2년 후 여전한 직장 내 막말 실태, 괴롭힘 경험 응답 소폭 상승, 피해자 대응방식, 5인 미만 사업장 미적용, 법의 보호대상의 문제점, 직장내괴롭힘금지법 실효성 확보 등 한계를 2분여 짧은 시간 동안 전반적으로 다루었다. 그런데 뉴스 멘트 중 "이런 허점을 보완하기 위해 직장 내 괴롭힘 신고를 받은 사용자가 조사를 시작하지 않으면 5백만 원 이하의 과태료를 부과하도록 관련법이 바뀌었습니다."라고 하였는데 구체적으로 직장내괴롭힘금지법 관련 개정안에 대해 명확한 멘트를 하였으면 하는 아쉬움이 있다.

현행 직장 내 괴롭힘 금지제도는 사업장에서 자율적으로 예방 및 대응조치를 하도록 하는 데 중점을 두고 도입되어, 직장 내 괴롭힘의 금지와 발생 시 조치 등의 내용을 담고 있지만 가해자에 대한 처벌 조항도 없고 사용자가 조사·조치 의무를 이행하지 않아도 규제할 조항이 없어 실효성 한계가 지적되어 왔다. 이에 2021년 3월 근로기준법 개정안이 본회의를 통과하였고 주된 내용은 사용자 또는 사용자 친인척이 직장 내 괴롭힘의 가해자일 경우 1,000만 원 이하 과태료를 부과하고, 직장 내 괴롭힘에 대한 조사를 실시하지 않거나, 괴롭힘 피해자 및 행위자에 대한 적절한 조치를 하지 않을 경우 및 괴롭힘 조사 과정에서 알게 된 비밀을 누설하는 경우에는 500만 원 이하 과태료를 부과하는 것이다.[29]

해당 멘트 중 "사용자가 조사를 시작하지 않으면 5백만 원 이하의 과태료를 부과"로 개정된 것은 맞지만, 전체적인 맥락은 [제도가 허술하단 지적도 나옵니다. (오진호, 직장갑질119 집행위원장) : "(괴롭힘 기준이) 너무 모호해서 판단이 감독관마다 상이하고, 그래서 제대로 처벌이 되지 않고." / (윤지영, 변호사) : "보호 조치가 회사에 자율적으로 맡겨져 있는 건데 사실 이 회사가 잘할 수 있을지는 모르는 거죠."] 이후 나온 멘트여서 논리적으로 매끄럽게 연결되는 데 어려움이 있다. 또한 개정 근로기준법상에서도 '피해를 주장하는 근로자'에 대한 근무 장소 변경, 유급휴가 명령 등 보호조치는 사용자가 조치하지 않더라도 여전히 처벌규정을 적용받지 않는다. 따라서 "이런 허점을 보완하기 위해 신고를 받은 사용자가 조사를 시작하지 않거나 괴롭힘 판단 후 피해자에게 적절한 보호조치를 하지 않으면 5백만 원 이하의 과태료를 부과하는 것으로 관련법이 바뀌었습니다."로 수정한다면 좀 더 명확했을 것이다.

물론 해당 뉴스 보도일이 개정 근로기준법이 본회의에서 통과된 직후여서 깊은 이해나 분석을 하기에는 시간적 여유가 없었던 것도 사실일 것이다.

KBS는 뉴스9에서 직장내괴롭힘금지법 시행 후 1개월, 3개월, 1년을 기점으로 지속적으로 이 법의 문제점이나 한계, 실태를 고발하였고 〈시사직격〉에서 '죽음을 부르는 갑질, 지옥으로 출근하는 사람들' 편을 통해서도 직장 내 괴롭힘 행위를 금지하고 그 어느 사안보다 노동자의 인권을 보호하기 위해 앞장서고 있다고 생각한다. 그런 면에서 지난해 〈일하다 죽지 않게〉, 올 설 연휴 직전 〈임금체불보고서〉를 4회 연속 보도한 것과 같이 〈직장내괴롭힘금지법〉 기획 보도를 제안한다. 법 개정 후에도 여전히 보호받지 못하는 아파트 입주민의 경비원 괴롭힘, 특수고용직 종사자, 5인 미만 사업장 미적용 등 괴롭힘 사각지대를 전문가 협업 취재로 다각도로 분석하여 시청자들에게 심층보도하여 주기 바란다.

또 이 법의 근본적인 목적은 처벌이 아니라, 조직을 바꾸고 기업의 문화를 바꾸는 데 있기에 사업장 자율적으로 바꾸는 것에는 한계가 있다. 2020년 1월 산업안전보건법 전부개정법률에 따라 "직장 내 괴롭힘 예방을 위한 조치 기준 마련, 지도 및 지원"도 정부의 책무 중 하나로 포함되었는데 직장내괴롭힘금지법은이 정부에 의해 직장 내 괴롭힘 '방치법'이 되었다는 비판이 거세다. 이에 KBS가 현재 정부가 해태하고 있는 것은 없는지, 고용노동부가 근로감독을 비롯한 다양한 행정 조치를 함께 취할 필요가 있음을 공론화하고 이를 알려주었으면 한다.

〈시사기획 창〉, 그림자 과로사

• • • • •

사람들은 경비원을 은퇴한 사람이 소일거리 삼아 하는 쉬운 일자리로 생각한다. 실제로 경비원들은 휴일·휴게·근로시간과 관련된 근로기준법을 적용받지 않는다. 육체적·정신적 피로가 적은 업무를 한다는 이유에서다. 임금은 적지만 몸은 힘들지 않다고 알고 있는 경비원. 하지만 현실에선 이들이 과로로 죽어가고 있다.

KBS 탐사보도부는 편견 속에 감춰져 있던 경비원 과로사를 심층 취재했다. 근로복지공단으로부터 최근 5년간 경비 노동자 과로사 관련 업무상 질병 판정서 전체를 입수해 노무법인과 함께 분석했다.

〈시사기획 창〉에서는 지난 4월 18일 경비원들의 과로사에 대해 집중적으로 조명했다. 임계장, 임시·계약직·노인장을 뜻하는 말로 그림자 노동, 사각지대 노동자인 경비원에 대해 그간 방송에서 폭언, 폭력 등 주로 갑질 관련 사안을 다루었던 것에서 24시간 밀착 취재를 통해 경비원의 하루 일과, 근무 여건, 노동 환경에 대해 낱낱이 다루었다. 아파트 주민들의 쾌적한 주거 환경을 위해 일하고 있는 경비원은 정작 습한 냄새, 어두운 조명, 지하 석면 가루가 날리는 곳에서 식사를 하고 잠을 청하고 있었다.

경비원은 감시적 근로자로 고용노동부 장관의 승인이 있는 경우 근로기준법상의 근로시간, 휴게, 휴일 규정이 적용되지 않는다.[30] 이 의미는 근로시간의 제한이 없고, 4시간 이상 근무시 30분, 8시간 이상 근무시 1시간의 휴게시간을 부여하지 않아도 되며, 1주일 만근시 주휴일 규정이 적용되지 않고 유급휴일 없이 근무한 만큼만 임금을 받는 것을 의미한다.

방송에서 근로복지공단으로부터 최근 5년간 경비노동자 과로사 관련 업무상질병판정서를 전체 입수해 노무법인과 분석하였고 2018년부터 2020년까지 과로사 산재승인 건수는 모두 74건이었다. 과로성 질병으로 승인된 경비원까지 포함하면 247명에 달하며 해마다 80여 명의 경비원이 과로사·과로성 질환으로 쓰러지는 것이다. 경비원 과로사에 대한 수치를 파악한 것은 방송 최초로, 제대로 된 통계조차 없던 것을 KBS탐사보도부가 심층 취재한 것이다.

아파트 경비원들은 통상 새벽 6시에서 다음날 새벽 6시까지 24시간 교대제로 근무하며, 근로계약서상에 1일 평균 8시간에서 많게는 13시간의 휴게시간이 보장되어 있다. 그러나 방송에서 분석한 결과는 1일 평균 17.47시간 근무, 평균 수면시간은 2.84시간으로 하루 3시간이 채 되지 않았다.

지난 2016년 10월 고용노동부 감시단속적 근로자 근로·휴게시간 구분 가이드라인이 나왔지만 권고사항으로 경비 노동자들의 고용 임금 보장이나 휴게권 보장 위반에 대해 강력하게 단속하겠다는 의지 표명은 없었다. 그러는 사이 노동 사각지대에서 경비 노동자들은 무제한 장시간 공짜노동을 하며 과로성 질환으로 고통받고 있는 것이다.

또한 방송에서 차량 정비사와 경비원의 1일 혈압 변동을 분석하였다. 둘의 혈압이 업무시간 중에는 비슷하나, 수면시간에는 야간 혈압 강하가 되어야 하는데 경비원의 경우 다음날인 휴무일에도 높은 혈압수치가 밤까지 지속됨을 알 수 있었다. 지속된 긴장감으로 심장, 뇌혈관 건강이 좋지 못하다는 것도 실험으로 밝혔다.

근로기준법상 감시적 근로자는 단순한 감시업무에 종사하는 자로서 상대적으로 정신적 긴장이나 심신의 피로가 적은 업무에 종사하는 자를 의미한다. 하지만 실상은 "택배, 재활용 분리수거 업무, 주차관리, 아파트 조경관리, 청소, 하수구 관리, 흙 파내기, 사소한 민원 해결, 형광등 교체, 바퀴벌레 잡기, 변기 뚫기 등 경비원이 모든 일을 다 하는 줄 안다. 온갖 잡일을 한다."는 경비원분의 인터뷰처럼 경계가 없는 그들의 업무를 제도적으로 명확히 할 필요가 있다는 것, 경비원에게 갑은 용역업체, 관리사무소, 입주자대표회의 뿐만 아니라 개별 입주민도 해당하여 경비원의 열악한 노동환경은 우리의 문제이기도 하다는 점을 시사하였다.

다만, 방송에서는 '2019년 8월부터 경비업 승인을 받기 위해 사용자는 별도의 휴게시설을 마련해야 하고, 다만 그 휴게공간의 기준을 정하는 규정이 없다.'고만 하였고 그 외에 고용노동부 감시적 근로자 적용 제외 승인 기준을 언급하지는 않았다. 구체적으로 언급하였다면 법과 현실이 어떻게 다른지 알 수 있었을 것이다. 정작 감시단속적 근로자 휴게, 휴일 근로시간 규정이 적용 제외될 뿐 어떤 기준으로 승인되는지, 그 승인 조건이 현재 경비원의 노동조건과 어떤 점에서 불일치한지 구체적으로 언급하였다면 무엇을 개선해야하는지를 시청자들이 보다 명확하게 알 수 있었을 듯하다. 예를 들어 방송에서 압구정 현대아파트 주차 업무를 하는 경비원이 나왔는데 근로감독관 집무 규정 감단 종사자에 대한 적용제외 승인에 의거 '감시적 업무라도 타 업무를 반복하여 수행하거나 겸직하는 경우'는 감단 승인 제외로 규정하고 있으므로 직접 운전을 해서 주차업무를 하는 경비원은 처음부터 감단 승인요건에 해당하지 않는 것이다.

감시적·단속적 근로에 종사하는 자에 대한 적용제외 승인 기준 (근로감독관집무규정)

제68조(감시적·단속적 근로에 종사하는 자에 대한 적용제외 승인) ① 「근로기준법」 제63조제3호 및 같은 법 시행규칙 제10조제2항에 따른 "감시적 근로에 종사하는 자"의 적용제외 승인은 다음 각 호의 기준을 모두 갖춘 때에 한한다.
1. 수위·경비원·물품감시원 또는 계수기감시원 등과 같이 심신의 피로

가 적은 노무에 종사하는 경우. 다만, 감시적 업무이기는 하나 잠시도 감시를 소홀히 할 수 없는 고도의 정신적 긴장이 요구되는 경우는 제외한다.
2. 감시적인 업무가 본래의 업무이나 불규칙적으로 단시간동안 타 업무를 수행하는 경우. 다만, 감시적 업무라도 타 업무를 반복하여 수행하거나 겸직하는 경우는 제외한다.
3. 사업주의 지배 하에 있는 1일 근로시간이 12시간 이내인 경우 또는 다음 각 목의 어느 하나에 해당하는 격일제(24시간 교대) 근무의 경우
가. 수면시간 또는 근로자가 자유로이 이용할 수 있는 휴게시간이 8시간 이상 확보되어 있는 경우
나. 가목의 요건이 확보되지 아니하더라도 공동주택(「주택법 시행령」 제2조제1항 및 「건축법 시행령」 별표 1 제2호 가목부터 라목까지 규정하고 있는 아파트, 연립주택, 다세대주택, 기숙사) 경비원에 있어서는 당사자간의 합의가 있고 다음날 24시간의 휴무가 보장되어 있는 경우
4. 근로자가 자유로이 이용할 수 있는 별도의 수면시설 또는 휴게시설이 마련되어 있는 경우
5. 근로자가 감시적 근로자로서 근로시간, 휴게, 휴일에 관한 규정의 적용이 제외된다는 것을 알 수 있도록 근로계약서, 확인서 등에서 명시하고 있는 경우

또한 방송에서 「원래 경비원들은 근로기준법을 느슨하게 적용하는 대신 방범 등 감시업무만 담당해야 한다. 택배 관리나 분리수거 업무까지 하는 현실과는 동떨어진 법 규정이었다. 정부는 혼선을 막기 위해 지난해 법을 고쳐 다른 업무가 가능하도록 열어두었다. 다만 어느 정도 일까지 허용할지 아직 정해지지 않았다」고 하며 고용노동부를 인터뷰하였는데 여기서 말하는 지난해 개정된 법은 노동법이 아니라 국토교통부 소관인 공동주택관리법(제65조의2)[31]을 의미하며 2021년 10월부터 시행으로 아직 국토교통부에서 구체적 적용기준 시행령을 마련하지 않았다. 방송에서 '어느 정도 일까지 허용할지 정해지지 않았다.'는 것은 개정된 공동주택관리법 시행령을 의미하며, 확대되는 업무 범위에 관해 고용노동부와 국토부가 업무 협조해야 할 사항이긴 하나 방송에서 불분명하게 표현된 것이다.

최근 KBS뉴스는 지난해 〈일하다 죽지 않게〉, 〈임금체불 보고서〉 연속보도에 이어 한국 〈직업병 실태〉를 노동 안전 보건 연구소와 함께 연중 기획으로 보도하고 있다. 환경미화원 폐기능 장애, 경비원 노동환경, 배전노동자 근골격계질환 등 직장에서 질병을 얻은 노동자들에 대해 다루며 '안전한 일터, 건강한 노동을 위해' 현장에서 밀착 취재하고 있다. KBS가 노동자의 열악한 노동 실태를 고발하고 노동자의 인권 보장을 위해 그 어느 때보다 적극적으로 앞장서고 있다. 앞으로도 KBS의 이런 적극적 노동 행보를 응원한다.

〈시사기획 창〉, 월급이 사라졌다

• • • • •

2020년 대한민국 임금 체불 규모는 1조 6천억 원, 체불 피해자는 40만 명에 달한다. 〈시사기획 창〉은 2021년 5월 2일 밤 흘리며 뼈 빠지게 일하고도 제대로 월급을 받지 못하는 임금 체불 문제, '월급이 사라졌다'를 방영하였다.

노동청에 가도 알아서 합의보라는 고용노동부, 벌금 천만 원 내고 말지, 하는 행동이 괘씸해서 월급 못 주겠다는 멘트로 시작하여 심층 보도의 기대감이 있었다. 그런데 방송 내용은 화물차 운전기사, 페인트 도장기사, 핸드폰 가게 점원에 대한 체불, 농장에서 일하던 외국인 노동자의 사례를 다루며 노무법인 '노동과 인권'의 임금 체불 사건 실형, 집행유예, 벌금, 벌금액의 비율 등 전수분석, 지연 이자 제도 개선, 5인 미만 농업 소액체당금제도 미적용 문제를 언급하기는 했지만 '임금체불보고서' 이상의 심층성 있는 내용은 아니었다. 지난 설 연휴 직전 4회 연속보도로 진행한 '임금체불

보고서'에서 보도한 것을 다시 다루는 정도의 내용이었던 것이다.

KBS 뉴스9 〈임금체불 보고서〉 기획의 경우 여느 시사, 토론 프로그램을 보는 듯하였고, 철저한 문제의식을 가지고 대안을 제시하였으며, 전문가 협업 취재로 다각도로 분석, 중요 의제를 심층 취재한 결과물로 출입처 등에서의 단순 정보로 1꼭지를 만드는 관행에서 탈피하려는 KBS의 노력이 돋보였다.

그런데 이번 〈시사기획 창〉 '월급이 사라졌다'는 기존 사례를 단순 나열한 듯하였고 새로운 내용이 추가되거나 임금 체불을 개선하려는 제도 개선 제안도 부족했다. 예를 들어 임금명세서 교부의무화 법안이 2021년 3월 환노위를 통과하였고, 4월 국회 본회의를 통과하여 오는 11월 시행을 앞두고 있다. 임금명세서는 한 달 동안 일한 대가로 얼마의 임금을 받았는지, 임금 체불이 있는지를 확인할 수 있는 최소한의 자료로, 법안의 주요 내용은 근로기준법 신규 조항을 신설하여 '사용자가 근로자에게 임금을 줄 때에 임금의 구성항목·계산방법, 임금의 일부를 공제한 경우의 내역 등을 적은 임금명세서를 서면 또는 전자문서로 교부하도록 하고 해당 조항을 위반할 경우 500만 원 이하의 과태료 벌칙을 적용'하도록 한 것이다.[32] 이 규정은 1인 이상 사업장 전면 적용으로 방송에서 언급한 사각지대, 임금 체불 피해가 가장 큰 5인 미만 사업장 노동자의 임금 체불 예방에도 효과가 있을 것으로 기대하고 있다. 해당 방송에서 이러한 법통과 소식을 다루며 새로운 제도 소개를 하였다면 시청자 입장에서 보다 의미가 있었을 것이다.

그럼에도 불구하고 방송에서 5인 미만 사업장의 임금 체불 문제를 집중적으로 다룬 점, 체불 피해자들의 목소리를 여과 없이 전달한 점, 임금 체불이 개인의 문제, 개별 사업장의 문제가 아니라 2020년 임금 체불 사건 1심 판결문 1,247건을 전수 분석하여 솜방망이 처벌로 인한 구조적, 제도적 허점이 있다는 것을 알린 점, 임금 체불은 단순 경제사범이 아니라 노동자의 생계를 위협하는 심각한 범죄라는 것을 다시 한번 상기시키고 꾸준한 문제 제기를 했다는 점에서 의미가 있었다. 앞으로도 임금 절도인 임금 체불의 근절, 노동자의 열악한 노동환경을 개선하기 위한 KBS의 노동 행보를 응원한다.

<KBS 뉴스9>, 다양한 노동이슈를 다루다!
임금-근로시간-산업안전-외국인노동자-직장갑질 등

· · · · ·

2018년 9월부터 KBS 시청자위원 임기를 시작한 지 3년이 되고 있다. 지난 3년 그 어느 때보다 KBS가 최근 다양한 노동 이슈를 다루고 있다는 것을 확인하고 있다. 지난달인 6월에만 〈KBS 뉴스9〉이 다룬 노동문제는 〈7월 1일 5인 이상 사업장에 전면 도입되는 주 최대 52시간제 시행부터 산업안전, 외국인노동자, 급여명세서 교부의무화, IT업계의 장시간 노동, 갑질, 쿠팡의 열악한 노동 환경 등〉이다. 임금-근로시간-산업안전-외국인노동자의 열악환 노동환경-직장갑질 등 전반적인 사항을 다루고 있는 것이다.

다만 보도 내용 중 '주 52시간제 상반된 설문…"계도 기간 달라" VS "유예 없다"' 주 52시간제 시행 관련 보도에서 고용노동부와 중소기업중앙회의 입장을 언급했을 뿐 현장의 목소리를 듣지 않은 것이다. 고용노동부는

5인 이상 50인 미만 사업장 1,300곳을 조사한 결과, 10곳 중 9곳이 다음 달부터 주 52시간을 지키는 게 가능한 것으로 확인되어 유예 없이 그대로 시행한다는 입장이고, 중소기업중앙회는 코로나19 이후 인력난이 더욱 심해져 계도기간을 달라는 입장이었다. 주 52시간제 시행 관련 뿌리 산업과 조선업 2백여 곳 조사를 통해 10곳 중 4곳은 아직 준비가 안 되었다는 결과가 나왔는데 40%라면 결코 적지 않은 수치이다. KBS가 현장을 찾아가 50인 미만 사업장의 목소리를 들었다면 하는 아쉬움이 있다.

다만 전주총국에서 '7월부터 50인 미만 기업도 52시간…현장에선 '우려'' 보도에서 여러 사례를 다루며 직접 중소기업 현장을 취재하였는데 그중 자동차 부품 생산 공장의 5인 미만 소사장제 형태로 생산조직을 바꾼 것을 보도하였다. 이는 주 52시간제 시행 취지에 반하는 깃으로 흔히 말하는 '근로기준법을 회피하려는 5인 미만 사업장 쪼개기 꼼수'로 볼 수 있다. 다양한 사례를 보도하는 것도 좋지만 이 부분은 바람직한 사례가 아니다. 5인 미만 사업장으로 되어 주 52시간 제한을 받지 않는 무한정 근로, 해고 제한, 연장·야간·휴일근로에 대한 가산수당, 연차휴가 등 기본적인 노동권조차 박탈하는 것이고 '근로시간 단축과 고용 확대'라는 주 52시간제 정책 취지에 반하는 것이기 때문이다.

또한 '근로감독 사각에 놓인 외국인 노동자들…급여명세서도 없어' 보도에서는 급여명세서조차 받지 못하는 외국인 노동자 임금 체불과 5인 미만 농어업사업장의 소액체당금 제외 문제를 다루었다. 5명 미만의 소규모 사업장은 "근로계약서를 안 쓰는 경우가 많고, 야간·휴일수당 지급 의무도 없습니다."라는 멘트와 자막이 나왔는데 정확히는 "연장·야간·휴일근로에 대한 가산수당 50% 지급의무가 없습니다."이다. 근로한 대가인 시간당 임금 100% 지급 의무는 있는 것이다. 멘트에서 야간·휴일수당 지급 의무가 없다고 하여 시청자들에게 5인 미만 사업장은 마치 공짜 노동이 당연하다는 듯한 정보를 줄 수 있어 유의할 필요가 있다.

또한 지난 2021년 6월 21일 KBS 본관 앞에서 〈방송작가유니온-KBS 근로감독 협조촉구 기자회견〉이 있었는데 방송 3사의 비협조로 근로감독이 제대로 진행되고 있지 못하고 있다는 주장이 있다. 지난 3월 MBC 방송작가 2명에 대한 중앙노동위원회 부당해고 판정에 이어 방송 3사는 시사교양, 보도 분야 작가들의 근로자성 문제로 특별 근로감독을 받고 있는데 근로감독 대상 명단과 연락처를 뒤늦게 제출하거나 일부만 제출해 근로감독을 지연시키고 있다는 주장이다.

KBS 시청자위원회에서도 지난 5월 권순택 위원이 '공영방송 KBS 드라마 제작현장 장시간 노동 중단 및 표준근로계약서 도입을 촉구하는 기자회견' 관련하여 드라마 스태프들과 표준근로계약서 미체결 이유에 대해 질의하였는데 '방송작가유니온의 KBS 근로감독 비협조'에 대한 부분도 KBS 입장이 궁금하다. 방송 현장의 기본적인 노동조건을 준수하고, 장시간 노동, 부당계약, 저임금, 갑질 문제, 성차별, 비정규직 문제를 개선하려는 KBS의 노력이 함께해야 공영방송으로서의 KBS의 가치, 수신료의 가치를 실현하는 길일 것이다.

<KBS 뉴스9> '편견과 혐오의 올림픽— KBS가 중심 잡아야'

• • • • •

코로나 팬데믹 여파로 연기된 2020 도쿄올림픽이 열리고 있다. 기원전 776년부터 4년 주기로 열게 된 고대 올림픽은 신에게 제사를 지내는 시기에는 전쟁을 할 수 없다는 논리로 전쟁을 피하고 평화의 시기를 갖고자 개최되기 시작하였다. 올림픽의 정신은 '평화'인 것이다. 국가 간 친선을 도모하고 화합에 이바지하기 위해 개최되는 올림픽은 정정당당해야 하며 서로를 존중해야 한다.

코로나로 인해 우려 속에 개최되는 이번 도쿄올림픽은 선수들의 노고에 대해 더욱 큰 격려와 응원이 필요하며, 올림픽 개회식 중 선수단 입장은 멀리 각국에서 어려움 속에서 온 선수들을 맞이한다는 의미에서 가장 중요한 행사 중 하나이다. 그런데 금번 개회식 중계에서 MBC는 각 국가 소개 영상과 자막에 무례한 사진과 표현을 사용하여 올림픽 정신을 훼손하였고 이에 대해 비난이 매서운 상황이다. MBC 박성제 사장은 기자회견을 열고

2020 도쿄 올림픽 중계 자막 논란과 관련하여 공개적으로 사과하기도 하였다.

자막이 아닌 멘트였다는 점에서 비교적 덜 거론되고 있지만 KBS도 문제 발언이 없던 것은 아니다. 아프가니스탄을 소개하며 '내전과 전쟁으로 고통을 많이 받은 나라, 2004년 선거를 통한 정부 출범 이래 반군과의 전쟁으로 치안이 불안한 나라'라고 설명하였고, 예멘을 '내전의 아픔을 겪었고 지금도 휴전협정은 지지부진한 상태'라고 하였으며, 우크라이나를 소개할 때 '1986년 체르노빌 원자력 발전소에서 비극적인 사고가 있기도 했었던 우크라이나'라는 설명하는 등 상대적으로 저개발된 국가를 무시하는 듯한 발언을 하였다.

또한 KBS 탁구 해설진은 여자 탁구 단식 2회전 신유빈과 룩셈부르크 니시아리안 경기를 중계하던 중 상대 선수를 두고 '탁구장에 가면 앉아 있다가 나오는 숨은 동네 고수 같다'거나 '마흔 살 많은 언니, 여우 같다'며 상대 선수의 연륜과 경력을 존중하지 않고 무례한 발언을 하기도 하였다. 중계 발언에 신중한 태도가 요구된다.

이러한 와중에 KBS는 '양궁 국가대표 안산 선수의 쇼트커트와 여대 출신 그리고 과거 SNS에 남긴 글을 문제 삼고 페미니스트로 의심된다며 안산 선수를 응원하지 않는다거나 금메달을 반납하라는 온라인 커뮤니티 글'이 도를 넘은 '온라인 혐오'로 퍼져나가는 상황을 지적하며, 혐오와 차별은 쉽게 사회적으로 확장되는 경향을 가지고 있고 우리 사회가 잘못된 행동에 빨리 선을 그어야 한다는 취지로 보도를 하였다. KBS가 이러한 일부 커뮤니티의 무분별한 여성 혐오, 낙인 찍기를 기사화하며 갈등과 혐오를 양상하는 언론의 행태를 지적하고 우리 사회의 인권의식을 확장하는 데 도움이 될 수 있도록 공영방송으로서의 역할을 하였다고 생각한다.

또한 KBS 강승화 아나운서는 양궁 여자 개인 16강전에 나선 장민희 선수를 소개하면서 '여궁사'로 표기된 자막을 '궁사'로 고쳐 읽어 시대착오적 성관념을 바로잡는 개념 중계로 호평을 받았고, 안산 선수의 금메달 확정 후 "여러분은 지금 국가, 인종, 종교, 성별로 규정된 게 아닌 자신의 꿈을 향해 묵묵히 노력한 한 인간으로서의 그 선수, 그 자체를 보고 계십니다. 안산 선수 축하합니다!"라는 멘트로 SNS에서 "격이 다른 축하 멘트다, 수신료의 가치… 진짜 감동이다, 눈물 난다, 멋있다, 멘트가 금메달감이다, 내가 위로받는 느낌이다, 세상은 조금씩 변하고 있다" 등의 극찬을 받았다. 특히 강승화 아나운서는 지난 6월 KBS2 '굿모닝 대한민국 라이브'에서 "원치 않는 임신도 축복" 발언으로 질타를 받은 바 있었기에, 금번 올림픽 중계에서 개념 중계로 거듭난 듯하여 더 의미가 있었다.

올림픽이 각국의 평화와 친선을 도모하고, 선수들의 노고에 큰 격려와 응원을 보내는 자리라는 점에서 올림픽 중계와 보도에 있어 공영방송으로서 KBS의 신중한 태도가 요구된다. 더불어 금번 안산 선수의 쇼트커트와 페미 온라인 학대 기사와 같이 혐오와 차별을 증폭시킬 우려가 있는 기사는 직접적인 인용 보도를 최소화하고 언론이 혐오 확산에 나서지 않도록 공영방송으로서 KBS가 중심 역할을 해야 한다. 인종도 남녀도 국경도 없이 오직 올림픽 정신으로 하나 된 축제에서 차별과 혐오, 젠더갈등 등 올림픽 정신에 반하는 일들이 없도록 공영방송으로서 KBS가 그 역할을 해주기를 바란다.

〈다큐인사이트, 국가대표〉, 동일노동 동일임금의 실현

• • • • •

〈다큐인사이트, 국가대표〉에서 '여자가 무슨 운동을 해!'라는 납작한 시선에 맞서 거침없이 도전한 끝에 스포츠의 판도를 바꾼 여성 스포츠인 6인의 통쾌한 이야기를 다루었다.

여러 종목에서 성차별을 겪고, 부당한 대우를 받았던 사례들, 스포츠라는 무대 위, 주인공으로 우뚝 서기까지 여성 국가대표들이 한계를 극복해온 과정을 담았다. 2020도쿄올림픽은 코로나 팬데믹이라는 전대미문의 상황 속에서 치러진 것도 의미가 있지만 올림픽에 참가한 여성 선수 비율이 전체 선수단의 49%, 105명으로 역대 가장 높다는 점에서 더욱 큰 의미가 있다.

'여자가 무슨 운동을 해'라는 차별과 편견의 연속이던 여성 스포츠, 〈다큐 인사이트〉 국가대표는 2020 도쿄올림픽 여자배구 선수 김연경, 골프선

수 박세리, 축구선수 지소연, 펜싱선수 남현희, 핸드볼선수 김온아, 수영선수 정유인이 출연하여 그들의 이야기를 다루었다.

〈다큐 인사이트〉 국가대표는 다큐멘터리 개그우먼, 다큐멘터리 윤여정에 이어 3번째로 선보이는 '여성 아카이브 × 인터뷰 시리즈 다큐멘터리'로 방송은 4.7%의 시청률로 지상파 동시간대 시청률 1위에 올랐고, 2020도쿄올림픽이 마친 직후 방영되어 그 반응은 더욱 뜨거웠다. 이른바 김연경 보유국이 된 대한민국이지만, 김연경은 열악하고 불공평한 처우에 "왜"라는 의문을 지적하며 아니라고 생각하는 것은 아니라고 말해야 한다, 목소리를 내야 한다며 맞서 싸워왔고 금번 2020도쿄올림픽은 이전 올림픽 대비 파견비 3배, 지원인력 2배 지원 등 불공평 속에서 많은 것을 바꾸었다.

이날 방송은 얼짱, 미녀 등 여성적인 면을 강조하는 수식어, 「equal play, equal pay」 동일노동 동일임금 실현, 부족한 지원과 처우, 여성에게만 유별나게 적용되는 경기복 규정, 여성 지도자의 부재를 전반적으로 다루었다. 국가대표이기에 앞서 여자 선수이기에 받았던 질문과 시선 속에서 지금도 편견과 차별에 고군분투하는 여성 스포츠인들의 모습이 유리천장을 뚫기 위해 노력하는 우리의 모습인 듯하여 공감이 되었다. 특히 방송에서 객관적인 데이터들을 제시하며 기울어진 운동장을 가시화시킨 연출이 좋았고, 축구 경기장에서 관중이 equal pay를 함께 외치는 장면이 감동이었다.

미국 여자축구 대표팀 주장 메건라피노가 equal pay를 외치며 '많은 우승에도 불구하고 나는 아직 남자 대표팀에 비해 낮은 연봉을 받고 있다. 더 많이 뛸수록 더 낮은 임금을 받고, 해야 할 일이 많다'고 외치는 장면, 영국 여자축구 금지 50년으로 열악한 환경에서 뛰고 있는 첼시 여자축구팀 지소연을 보며 이런 불평등, 기울어진 운동장에서 우리 사회가 제도적으로 개선해야 할 부분이 많다는 점, 앞으로 아직 갈 길이 멀다는 생각이 들었다.

「equal play, equal pay」 운동은 결과의 동일만을 의미하지 않으며 여자 선수와 남자선수가 동일한 환경과 조건 속에서 뛸 수 있도록, 기울어진 운동장을 바로잡기 위한 여성 스포츠인들의 움직임이다.

하계올림픽 국가대표선수 출신 올림픽 국가대표 여자 감독은 탁구 현정화, 농구 전주원 감독, 단 2명으로 남현희 선수는 여성 지도자로서 새롭게 출발할 기회를 얻고 싶지만 기회가 오고 있지 않다고 인터뷰하였다. 한국 스포츠계는 여성 지도자 비율을 높이기 위해 제도적으로 개선할 필요가 있다. 「2018 IOC 성평등리포트」에서도 코치는 성별 균형을 대표해 선발하며 IOC 집행위원 등은 기존 30%를 넘어 남녀 동일 비율이 되어야 한다고 지적한 바 있다.

고용노동 관점에서 성별 균형을 맞추고 격차를 완화하려는 제도는 적극적 고용 개선 조치(Affirmative Action)[33]이다. 여성 인력 활용을 증대시키기 위해 2006년 정부가 도입한 제도로, 공기업 및 일정 규모 이상(상시 근로자 500인 이상(300인 이상 공시대상 기업집단 포함))의 근로자를 고용하고 있는 기업은 매년 직종별, 직급별 남녀근로자 현황, 남녀근로자 및 관리자 임금,

평균 근속연수 등 매년 고용 현황과 시행계획을 작성하여 고용노동부장관에게 제출하여야 하고 남녀근로자 현황을 분석하여 동종 업종 및 규모에 비교하여 특히 여성을 적게 고용하고 있는 경우 여성고용 목표를 수립하여 시행하도록 하며, 실적이 우수한 기업에게 인센티브를 주는 제도이다.

매년 적극적 고용개선조치 미이행 사업장을 선정하여 공표하며, 명단 공표 사업장은 여성가족부 가족친화인증 배제 및 조달청 공공조달 신인도 감점(-5점) 및 우수조달물품 지정 기간 연장 배제 조치의 불이익을 받게 된다. 2020년 대상사업장은 공기관 및 상시 근로자 500인 이상(300인 이상 공시대상 기업집단 포함) 사업장 등 2,486개사로 고용노동부는 여성 고용 비율이 낮고, 이를 개선하려는 노력이 부족하다고 판단한 30개 사를 적극적 고용개선조치(Affirmative Action) 미이행 사업장으로 선정하였고 지난 5월 27일 명단을 공표하였다. 이런 고용 노동 관점에서의 적극적 고용개선조치와 같이 스포츠계뿐만 아니라 사회 전반적으로 「equal play, equal pay」를 실현하기 위해 제도적 장치를 마련해야 할 부분이 많다.

SNS에서 "〈다큐인사이트-국가대표〉 정말 좋았다. 각 종목의 여성 스포츠 선수를 중심으로 결국 동일노동 동일임금에 대한 이야기를 하는 완벽한 구성의 다큐였다, 올림픽이 막 끝난 정확한 시점에 보는 짜릿함"이라며 제작진에게 고마움을 표하는 글을 보았다. 앞으로도 공영방송으로서 KBS가 우리 사회 전반적인 분야에서 기울어진 운동장을 바로잡아 「equal play, equal pay」가 이루어질 수 있도록 그 역할을 해주기를 바란다.

<KBS 뉴스9>, 세상에 '남의 일'이란 없습니다

• • • • •

어느 경비원은 스스로를 투명인간이라고 표현한다. 경비원 복장을 하는 순간부터 자기감정이나 자존심 부스러기를 남겨두면 안 되기 때문이다. 공동주택관리법 시행령 및 시행규칙 개정안, 이른바 경비원 갑질 금지법이 2021년 10월 시행됐다. 개정된 공동주택관리법 시행령에는 잡초 제거와 낙엽 청소, 재활용품 분리배출 감시·정리, 불법주차 감시, 택배·우편물 등기 보관 등만 공동주택 경비원 업무로 인정했다.

국회는 경비원들의 잇단 과로사와 용역업체 변경으로 인한 집단 해고, 괴롭힘, 갑질 피해 등 사회적 논란으로 경비원의 업무 범위를 명확히 하고자 지난해 공동주택관리법을 개정하였고 공동주택관리법 시행령에 위임하여 금년 10월부터 적용하도록 하였다. 공동주택 경비원은 종전에는 「경비업법」에 따라 경비 업무만 수행할 수 있었으나, 「공동주택관리법」 개정으로 경비원이 경비 업무 외에 대통령령으로 정하는 공동주택 관리에 필요한 업무를 수행하도록 업무 범위를 정하였다.

KBS 뉴스9에서는 시행령에 명시[34]된 경비원업무인 청소, 재활용품 분리수거, 주차관리, 택배 물품 보관업무를 언급하며, 이에 대해 아파트 경비원들이 처우 개선 없는 법 개정으로 실효성이 없다며 반발하고 있는 내용을 보도하였다. 경비원이 노동자로서 기본적으로 보장받아야 할 각종 수당, 업무부담 가중에 대해 시의성 있게 다룬 것이다.

일명 경비원 '갑질금지법'으로도 불리우며 시행령 개정에 많은 기대를 가졌지만, 공동주택관리법 시행령은 그동안 경비 외 관리업무 즉 재활용품 분리수거, 주차 관리 등이 합법화되면서 오히려 합법적으로 업무 부담이 가중되었다는 논란을 피하기 어려워졌고 이를 방송에서 지적하였는데, 경비 노동자는 여전히 근로기준법상 감시·단속직으로 분류되어 있어 근로기준법상의 근로시간, 휴게, 휴일 규정이 적용되지 않는다. 근로시간의 제한이 없고, 근로기준법이 기준으로 정하는 4시간 이상 근무시 30분 이상, 8시간 이상 근무시 1시간 이상의 휴게시간을 부여하지 않아도 되며, 주휴일 규정이 적용되지 않고, 연장·휴일가산수당이 없는 것이다.

방송에서 현장에서는 오히려 경비원의 책임이 커져 더 폭넓게 업무지시를 받게 될 것을 우려하고 있다는 소식을 함께 전하며 경비 외 겸직업무가 과다해질 경우 감시·단속직 승인을 취소할 수도 있다는 고용노동부와 주차대행이나 택배물품 집 앞 배달 등의 과도한 업무지시를 해서는 안 된다는 원론적인 입장만 내놓은 국토교통부에 대해 적절하게 비판했다. 이러한 무제한 연장근로, 주휴일 미적용, 연장·휴일근로 가산수당 없는 열악한 노동환경에 처한 사각지대 노동자에 대해 KBS는 꾸준히 문제점을 지적해줘야 하고, 특히 같은 날 뉴스9에서는 "세상에 '남의 일'이란 없습니다"에서 전한 "몸이 낮아지니, 전에는 안 보이던 타인의 삶이 눈에 들어온다, 스스로 을이 될 리 없다고 생각하는 사람들도 한 번이라도 을의 마음을 헤아려 보길 바랍니다"라는 앵커의 멘트는 여운을 남겼다.

최근 SNS에서 'KBS 뉴스 원래 보지 않았었는데, 인권, 노동, 여성, 어린이, 노인, 성 소수자, 장애인 등 다양한 소식을 다루고 특히 앵커의 멘트가 주옥같다'는 평을 보았다. 이에 동의한다. KBS 뉴스는 더 다양해지고 있으며, 정직한 삶과 노동의 가치를 가볍게 여기는 지점에 대해 지속적으로 날카롭고 예리한 비판을 가하고 있다.

다만 지난 2021년 9월 드라마 스태프들이 근로기준법 위반 혐의로 KBS와 KBS 드라마제작사 몬스터 유니온을 고발하였고, 그 내용은 드라마 스태프 노동자성 확인 뒤에도 제작현장에서 지속적으로 노동법을 위반하고 있다고 주장하고 있다. 드라마 스태프 노동자들의 요구는 KBS가 제작하고 방송하는 드라마 현장 모든 스태프에 근로계약을 체결하거나 지침을 내릴 것, 근로기준법에 따른 노동시간 준수와 실질임금 보장, 연장근무 측정, 주휴와 연차수당 보장, 계약 기간 특정, 임금 지급 시기 특정, 제작사 일방 계약 해지 금지 등 기본적인 노동인권 사항이다.[35]

2021년 6월 KBS 본관 앞에서 〈방송작가유니온-KBS 근로감독 협조촉구 기자회견〉, 4월에는 〈공영방송 KBS 드라마 제작현장 장시간 노동 중단 및 표준근로계약서 도입을 촉구하는 기자회견〉을 한바 있고, 이에 대해 '방송작가유니온의 KBS 근로감독 비협조'에 대한 부분도 의견서를 통해 질의한바 있다.

드라마 스태프 근로기준법 위반혐의 KBS 고발에 대한 KBS의 입장과 높은 종속성에도 불구하고 프리랜서라는 형식으로 이들 노동의 불안정성 개선을 위해 KBS가 어떠한 노력을 하고 있는지 궁금하다. 경비노동자, 5인 미만 사업장 노동자, 외국인, 여성 등 노동 사각지대를 다루는 KBS는 정작 방송 스태프 비정규직 문제, 장시간 노동문제, 휴식권 보장, 표준근로계약서 작성에 대해 보다 적극적으로, 낮은 자세로, 스태프 노동자들의 마음을 헤아리며, 최소한의 노동법상 법적 의무를 이행하라는 목소리에 귀 기울여야 할 것이다.

〈KBS 열린토론〉, '고용 없는 성장' 포스트코로나 시대
노동운동의 현주소와 양대 노총의 과제

• • • • •

모든 국민은 헌법 제32조에 의거 근로의 권리를 가지며, 근로자는 헌법 제33조에 의거 근로조건의 향상을 위하여 자주적인 단결권·단체교섭권 및 단체행동권을 가진다. 노동조합은 근로자가 주체가 되어 자주적으로 단결하여 근로조건의 유지·개선 기타 근로자의 경제적·사회적 지위의 향상을 도모함을 목적으로 조직하는 단체를 말한다.

〈KBS 열린토론〉에서는 '노동운동의 현주소와 양대노총의 과제'라는 주제를 다루었다. 1부에서는 선긋는 '스타벅스', '귀족노조' 비판…'양대노총의 현주소?'와 2부에서는 '포스트코로나 시대 노동운동, 국민적 호응 얻으려면?'이라는 제목에서부터 노동조합에 대한 부정적 인식을 반영하였고, 그 내용 또한 노동조합에 대해 '귀족노조, 지나친 세력화, 기득권자'라는 사회 비판적인 시선이 있음을 전제로 진행되었다.

〈거리 시민의 목소리〉 코너에서 시청자 의견을 소개할 때에도 '노동자들의 권리 이념을 넘어서서 지나친 세력화는 거부감이 든다, 요즘 시기에는 과하다, 순리적으로 했으면 좋겠다, 민노총은 받을 만큼 받을 사람들이 그런다, 이기적이다, 방역수칙 잘 지키고 투쟁했으면 좋겠다.'는 등 부정적 내용이 대부분이었다. 이날 방송 1시간쯤 지난 후반부에서 시청자 의견으로 '노동조합 조직률 10%, 우리 국민의 90%는 노동자면서 왜 노동자 시위에 대해 부정적일까요? 이건 일부 언론들이 만든 나쁜 프레임 탓이 아닐까 합니다.'라고 소개하였을 뿐이다.

국가인권위원회와 한국기자협회가 함께 만든 〈인권보도준칙〉은 「노사관계에 대해 편파적인 보도나 헌법 제33조에 보장된 노동3권을 무시하는 표현을 하지 않는다.」라고 명시하고 있다. KBS가 노동조합에게 일종의 노조 혐오 표현인 '귀족'이라는 사족을 붙여도 되는지, 언론들이 사용하는 자극적인 단어를 묘사하면서 정당한 노동조합 활동에 대한 부정적인 인식을 확산하고 있지는 않은지, 헌법상 기본권인 노동3권을 가진 노동조합에 대한 편견은 없는지 자체 모니터링을 할 필요가 있다.

<한국기자협회 인권보도준칙>

제1장 민주주의와 인권
2. 언론은 특정 집단이나 계층에 편향되거나 차별적인 보도를 하지 않도록 주의한다.

> 가. 특정 정치인(집단)을 옹호하거나 비하하는 용어 사용에 주의한다.
> 나. 노사 관계에 대해 편파적인 보도나 헌법 제33조에 보장된 노동3권을 무시하는 표현을 하지 않는다.

또한 이날 패널 구성은 이병훈 교수(중앙대학교 사회학과), 오계택 소장(한국노동연구원 임금직무혁신센터), 정흥준 교수(한국과학기술대 경영학과)로 학자로 이루어졌는데 출연자들도 한국노총, 민주노총에 대한 시각이 '기득권, 귀족 노조의 지체 현상, 비조합원 88%를 포용하고 있지 못하고 있다, 보편적 공감을 얻지 못하고 있다는 등' 비슷했다.

토론은 찬성과 반대의 입장으로 나뉘는 주제에 대하여 각각 서로의 입장을 관철시키기 위하여 근거를 들어 자기의 주장을 논리적으로 펼치는 말하기이다. 토론의 주제는 긍정이나 부정의 입장을 취할 수 있는 문제여야 하고, 토론자는 찬성과 반대의 분명한 의견을 가진 참가자를 말하는데, 이날 〈열린토론〉은 주제에 대한 생각이나 방향성이 유사하여 기본적인 토론의 형식과 실질을 충족하지 못하였다.

쟁점 자체가 노조에 대한 부정적 시선, 상황을 전제로 시작하였고, 패널 구성이 학자 내지 연구진을 중심으로 이루어져 노-사-정 각자의 입장을 균형감 있게 알기 어려운 한계도 있었다. 방송에서 사회자가 한국노총은 '미조직 노조원 문제로 대전환', 민주노총의 '일자리 국가 책임제' 등 각

노총의 앞으로의 정책에 대해 소개하였지만 양대 노총의 입장에 대해 전화 인터뷰라도 있었으면 하는 아쉬움이 있다.

전국경제인연합회 산하 한국경제연구원이 「2021년 하반기 매출액 500대 기업을 대상으로 한 신규채용계획 조사」 결과, 신규 채용을 늘리기 위해 추진했으면 하는 정책을 물은 설문조사에서 대부분의 기업들은 기업 규제 완화(38.8%), 신산업 성장동력 육성 지원(25.6%), 고용증가기업 인센티브 확대(24%)로 '정규직, 유노조 등에 편중된 노동시장 이중구조 개선'은 5.8%에 불과하다.[36] 즉, 이미 충분한 대우를 누리면서도 지나치게 많은 요구를 한다는 언론의 프레임에서 탄생한 용어인 '귀족'노조로 인해 청년 일자리가 감소하는 것만은 아닐 것이다.

또한 임금노동자 노조 조직률이 12.5%로 낮다는 것은 중소, 영세 사업장의 노동자들의 노동 환경 문제 개선에 대해 실질적 역할을 하기에는 한계가 있을 것이며, 프랑스의 경우 노조 조직률이 11%로 우리나라와 유사함에도 단체협약 적용률은 98%에 이르는데[37], OECD 국가 중 낮은 노조 조직률을 지적하면서도 단체협약 효력확장제도를 통해 임금불평등 개선 방안을 제안하지 않은 내용상의 아쉬움도 있다.[38]

〈KBS 열린토론〉은 사회자의 깔끔한 진행, 적절한 질문, 패널 구성의 균형 및 안정감 있는 토론으로 평소 좋아하는 프로이다. 다만 이날 토론에서 일종의 노조에 대한 부정적 인식 내지 표현에 대해 자체 모니터링 여부 문제, 패널 구성의 균형감, 노사정 주체의 다양한 의견수렴 등에서 아쉬움이 있다. 앞으로도 품격 있는 토론 프로그램으로서 〈KBS 열린토론〉이 '살아 있는 토론은 라디오가 진짜'임을 계속하여 보여주었으면 한다.

<시사기획 창> '[급구] 이주노동자 불법을 삽니다'

· · · · ·

　대한민국 농어촌은 극심한 인력 전쟁을 겪고 있다. 코로나19 장기화로 일손 부족 사태가 이어지면서 "지금 상황은 그야말로 전쟁이다"라는 울분 섞인 목소리가 곳곳에서 터져 나왔다. 농어민들은 인력을 단 한 명이라도 더 확보하기 위해 서로 경쟁하며 인력을 뺏고 빼앗기는 지경에 이르렀다. 인력 전쟁 속에 흔들리는 농어업을 지탱하고 있는 사람들이 있다. 이른바 불법체류자로 불리는 '미등록 이주노동자'들이다.

　KBS <시사기획 창>은 이 같은 농어촌 현실과 그 안에서 벌어지는 일자리 생태계 교란의 실체, 그리고 농어촌 이주 노동자들이 처한 극한 노동 현실과 이를 방치해온 대한민국 정부 정책을 고발했다.

　이것은 전쟁이다. 인력 전쟁. 국가라는 브로커가 국내 사업장에 이주 노동자를 독점적으로 고용·알선하고 있다는 다소 자극적인 멘트로 시작하였는데 시청하면서 그 실태를 표현하기에 부족할 정도라고 느껴졌다. 이주 노동자의 불법 고용은 정부의 묵인하에 공공연하게 이루어지고 있고, 미등록 이주 노동자 고용은 외국인근로자고용등에관한법률, 파견근로자보호등에관한법률, 근로기준법, 직업안정법 모두 위반이며, 그런 현실 속에서 이주 노동자에 대한 인권 침해는 계속되고 있다.

방송에서 코로나19로 인해 비전문취업 E-9 비자, 선원 취업 E-10 비자 입국자 현황의 현격한 감소, 계절근로자 사업장 이탈현황, 이주 노동자 모집과정의 문제점, 이주 노동자의 숙소로 사용되고 있는 불법 가건물 비닐하우스 숙소, 열악한 근무환경 속 위험성을 알려주지도 않고 보호장구도 없이 근무하다 산재로 추정되는 질병인 백혈병에 걸린 이주 노동자, 이주 노동자 상담센터 빅데이터 분석 결과[39]로 추려지는 '퇴직금, 임금, 임금 체불, 차액분, 미지급' 등 이주 노동자의 심각한 노동법 위반실태, 40만 명 불법 이주 노동자 인력시장이 어느덧 생태계로 자리잡은 현실 등 어느 하나 빠짐없이 다루었다.

> **<외국인 계절근로자 제도>**
>
> 농·어번기의 고질적 일손 부족 현상을 해결하기 위해 단기간 동안 외국인을 합법적으로 고용할 수 있는 제도(단기취업 C-4비자)이다. 계절근로자를 도입하고자 하는 기초자치단체(시·군·구)가 도입 주체가 된다. 농업의 경우 계절성이 있어 원칙적으로 3~5개월 이내의

> 단기간에 노동력이 집중적으로 필요한 업종 등 법무부장관이 인정한 업종이어야 한다. 어업은 계절성이 있어 원칙적으로 3~5개월 이내의 단기간에 작업이 종료되는 수산물 가공 분야 등 법무부장관이 인정한 업무가 이에 해당한다.

그러는 사이 무허가 인력중개업자는 일당의 수수료를 30%까지 착취하고 있고 농민은 작물 수확기에 일당 27만 원까지 치솟는 인건비에 분통을 터뜨리며 농사를 포기하거나, 농사 면적을 줄이는 등 이주 노동자 없이는 더 이상 우리 식량 사업을 지탱할 수 없는 현실을 여실히 보여주었다. 밥상을 위협하는 농어촌 인력 전쟁, 사업주의 인성, 품성, 선의에만 의지할 수 있는 문제가 아니며 '법, 제도, 정책의 문제'로 40만 명 불법 인력시장에 정부가 나서서 해결해야 할 시점임을 방송에서 매섭게 지적하였다.

다만 방송 초반 1993년 산업연수생 제도 시작을 언급했고 외국인고용허가제도 실태를 '열악한 처우-이탈-인력난-40만 명 미등록 이주 노동자-브로커의 중간개입 등' 전반적으로 매섭게 비판하며, 후반부에 '이주 노동자에 대한 처우 개선이 혁신적으로 이루어지지 않는다면 조금 돈 더 주는 나라, 인권이 보장되는 나라로 간다. 전 세계적으로 이주 노동자들을 두고 경쟁이 심화되고 있다.'고 했는데 개선 방안을 구체적으로 제안하거나 다른 나라의 외국 인력제도는 어떻게 운영하고 있는지 다루었으면 하는 아쉬움이 있다.

정부는 이주 노동자의 송출과 알선 업무를 독점하고 있는데도 근로기준법 제63조에 의해 농축어업 노동자는 근로시간, 휴게, 휴일 적용을 받지 못하며, 사업장 변경사유 제한 등 저임금, 장시간 노동, 임금체불, 열악한 숙소, 산재 위험 등 총체적인 문제를 방치하고 있다는 신랄한 비판을 받고 있다. 현재 미등록 이주 노동자는 39만 2천여 명[40]으로 합법 취업비자인 E-9, H-2 350,420명[41]보다 많은 인원이며 이는 엄격한 체류 관리가 필요하지만 단속이나 자발적 출국 유도를 하기에는 한계가 있음을 의미한다. 즉 현재의 외국인고용허가제만으로는 국내 노동시장의 외국 인력 수요를 감당할 수 없음을 받아들이고 '한시적 체류를 전제로 한 외국 인력 정책'을 전반적으로 바꿔야 할 필요가 있을 것이다.

미국, 독일, 프랑스, 영국, 대만, 싱가포르, 일본 등 주요국은 외국 인력을 적극적으로 고용하고 있으며 단기 외국 인력제도, 취업이민, 외국인 연수제도, 기능실습제도 등 다양한 제도를 운영 중이다. 이에 대한 제도 소개 및 이를 통해 우리나라의 외국인 고용허가제도 개선 방안은 없는지, 이주 노동자 정책 관련 산업별 이해당사자의 입장을 포함하여 논의하는 후속 기획방송이 있었으면 한다.

최근 KBS는 노동자의 열악한 노동 실태를 고발하고 노동자의 인권보장을 위해 다양한 뉴스, 시사 프로그램을 다루고 있다. 특히 최근 KBS 뉴스9에서 다룬 '화물연대 안전운임제 총파업, 화물연대 요구 '안전운임제'… 어떤 제도? 쟁점은?' 보도는 파업의 부정적 측면만이 아닌, 안전운임제도와 그들이 왜 파업을 하는지 배경, 경위, 의미 등을 자세히 다루었다는 점에서, '경비노동자의 열악한 근무환경 문제'("주워온 전기장판으로 추위 버티죠"…'지하 휴게실' 여전)의 경우 마치 시청자들이 경비원들의 지하 휴게실 안에 있는 것 같은 현장 집중 취재였다는 점에서 심층성이 더욱 강화된 보도였다.

농어촌 인력 전쟁 속에서 이주 노동자 없이는 농어업은 무너지고 말 것이다. 이 문제를 해결하지 않으면 식량 산업에 큰 위기가 올 것은 자명한 일이다. 정부가 하루빨리 이 점을 인정하고, 이주 노동자 고용정책 제도 보완과 인권 보장이 반드시 필요한 상황임을 우리 모두가 인지할 수 있도록 KBS가 이주 노동자 문제를 다시 방송을 통해 다루었으면 한다.

2022년

〈KBS 다큐〉 다시는 일하다 죽지 않게, 공영방송으로서 의미 있는 기획

〈시사직격〉 살리고 싶다 살고 싶다, 간호 인력 실태 보고

〈다큐 인사이트〉 한국 웹툰의 발전, 웹툰 제국의 탄생

〈GPS와 리어카 연속 보도〉, 시급 950원·13km 인생…

〈KBS 뉴스9〉 중대재해처벌법 시행 100일, 노동인권 사각지대

〈시사직격〉 앞으로는 상생, 뒤로는 노조 파괴?

노동법 위반 제작 드라마 〈미남당〉

〈시사기획 창〉 MZ, 회사를 떠나다

<KBS 다큐> 다시는 일하다 죽지 않게, 공영방송으로서 의미 있는 기획

● ● ● ● ●

KBS는 2021년 12월 태안화력발전소에서 일하다 컨베이어벨트에 끼어 숨진 고(故) 김용균 씨의 3주기를 맞아 〈다시는 일하다 죽지 않게〉를 방송했다. KBS 다큐멘터리팀은 본 다큐 기획의도에 대해 중대재해처벌법 통과 이후에도 반복되는 산재 사망사고 속에서, 노동자가 안전하게 일할 수 있는 사회가 되길 바라는 사람들의 이야기를 담아 1년간 유가족의 여정을 함께한 것이라고 밝혔다.

방송에서 직장 내 괴롭힘에 시달려 목숨을 끊은 현장실습생 고(故) 김동준의 엄마 강석경, 드라마 제작현장의 부당성을 다투다 스스로 목숨을 끊은 고(故) 이한빛의 아빠 이용관, 태안화력발전소에서 사망한 고(故) 김용균의 엄마 김미숙, 건설현장에서 일하다 추락사한 고(故) 김태규의 엄마 신현숙 등 유가족이 출연하였고, 방송은 중대재해처벌법, 산재 사망사고라는 무거운 주제를 자식을 잃은 부모가 살아가는 관점에서 바라봄으로써 공감을 얻었다.

2021년 1월 중대재해처벌법 통과 이후 지난 11월까지 총 790명의 노동자가 일터에서 사망하였고, 〈다시는 일하다 죽지 않게〉 방송 다음 날에도 전남 여수국가산업단지의 한 화학 공장에서 일어난 폭발사고로 작업 중이던 노동자 3명이 숨졌다. 방송에서 가장 많이 반복되었던 멘트는 '다시는 이런 산재사고가 발생하지 않는 것'이다. 사용자로부터 사과를 받든 받지 않든 사망한 그들의 자식은 돌아오지 않는다. 유가족들이 원하는 것은 단 하나이다. 다시는 이런 산재 사고가 발생하지 않는 것이다. 일터에서 죽음으로 내몰리지 않는 것이다. 방송에서 유가족의 아픔, 재발 방지의 절실함을 잘 보여주었고, 시청하며 내내 가슴이 먹먹했다.

본 프로는 다시는 일하다 죽지 않는 세상을 만들기 위해 싸우고 있는 산재 유가족 이야기를 담은 다큐멘터리로 부모, 가족 관점에서 스토리텔링을 하여 시청자들의 공감을 얻었고, 이러한 산재 사고가 재발하지 않아야 한다는 분명한 메시지를 전달하였다. 다만 감정적 호소에만 의존하였다는 점이 아쉬웠다. 시청자들에게 막연히 중대재해처벌법이 통과되어야 하고, 허무한 죽음이 발생하지 않아야 한다는 메시지를 전달할 뿐 방송에서 구체적인 해결책들을 제시하지 않았다.

고용노동부는 2021년 「산재 사망사고 감소 대책」 브리핑에서 올해 산재사고 사망 20% 감축은 고용노동부의 가장 중요한 지상과제로 떨어짐, 끼임 등으로 인한 사망사고 감축을 위해 전력을 다할 것이고, 사망사고가 다발하는 건설, 제조 사업장에 대해서는 밀착 관리하는 등 산재 사고 사망 감소 대책의 효과가 극대화될 수 있도록 노력할 것이라고 강조한 바 있다.

산재 사고 사망자 수를 보면 2016년 969명, 2017년 964명, 2018년 971명, 2019년 865명, 2020년 882명[42], 2021년 11월까지 790명으로 앞선 고용노동부 「산재 사망사고 감소 대책」과 달리 감소되지 않았다.

2020년 산재 사고사망자 내용을 살펴보면 사망자 882명으로 전년 2019년 대비 3.2%인 27명 증가하였고, 업종별로는 건설업이 458명으로 51.9%로 가장 많이 차지하고 제조업은 201명으로 22.8%를 차지하고 있다. 규모별로는 50인 미만 소규모 사업장에서 81%(714명)가 발생했고, 5인 미만이 35.4%(312명), 5~49인에서 45.6%(402명)를 차지하고 있다. 재해 유형별로는 '떨어짐' 37.2%(328명), '끼임' 11.1%(98명)로 가장 큰 비중을 차지, 인적 특성으로는 전체 사고 사망자의 39.3%(347명)가 60세 이상이며, 외국인은 10.7%(94명)로 나타나고 있다.[43]

전체 산업재해 사망사고 중 50인 미만 사업장이 81%, 떨어짐, 끼임 사고가 48.3%를, 60세 이상이 39.3%, 외국인이 10.7%를 차지한다. 오는 2022년 1월 27일부터 시행하는 중대재해처벌법은 사업주 또는 경영책임자가 안전 및 보건 확보의무를 위반하여 중대재해가 발생하는 경우, 사업주 또는 경영책임자에게 사망에 대하여는 '1년 이상의 징역 또는 10억 원 이하의 벌금', 부상 및 질병에 대하여는 '7년 이하의 징역 또는 1억 원 이하의 벌금'이 부과되는 것을 주요 내용으로 하고 있는데, 50인 미만 사업장은 2024년 1월 27일 이후 적용되며, 5인 미만 사업장은 여전히 적용되지 않는다.

방송에서 이러한 사항을 간략하게 제시하며 대기업, 공기업, 거대 기업 처벌에만 초점을 맞출 것이 아니라 전체 산업재해 사망사고 중 50인 미만 사업장이 81%라는 점, 그마저도 2024년 1월 이후 중대재해처벌법이 적용된다는 점, 우리나라 전체 사업장에서 80%를 차지하는 5인 미만 사업장은 법 적용이 제외된다는 문제점을 지적하며 구체적인 해결책이 무엇인지 고민하는 내용을 담았다면 어땠을까 하는 아쉬움이 있다. 중대재해처벌법상 경영책임자 범위 명확화 및 사업주에게 부과하는 '안전보건관리체계 구축' 의무를 명확히 하고, 5인 미만 사업장 적용제외, 50인 미만 사업장 3년 유예 등 법 적용 사각지대 해소를 위한 방안 마련. 구체적으로는 법 시행령에 하청·특수고용노동자 중대재해 예방을 위한 경영책임자 의무를 명확히 규정함은 물론, 2인 1조 등 위험작업, 과로사 예방을 위한 적정인력 등 적정인력과 예산보장을 명시하고, 하청·특수고용을 포함한 노동자의 중대재해 예방 참여 및 권한 보장 명시와 산안법 등 안전보건 관계법령 준수 및 이행에 대한 직접적인 조치로 경영책임자 의무를 명시할 필요가 있다는 점이 제시되고 있다. 시청자의 입장에서 감정적 공감만 있었을 뿐, 구체적인 솔루션이 부재하였다.

그럼에도 KBS가 이러한 노동 현실을 지속적으로 다룸으로써 공영방송의 가치를 보여주고 있다고 생각한다. KBS부산에서는 노동절 특집다큐,

〈김진숙의 마지막 버스〉를 방송하였다. 2020년 12월 31일, 해고자인 채 정년을 맞이하는 김진숙의 이야기를 다루며 그의 35년간 복직 투쟁을 기록하였다. 〈다시는 일하다 죽지 않게〉와 비슷한 방식으로 1년간 촬영 영상을 모아 제작했다는 점에서 KBS의 정성과 노력이 느껴졌다. 각종 정치, 연예인 소식은 매일 쏟아져 나오는 데 비해 일상적으로 고통받으며 불이익을 당하는 노동자의 이야기를 들어주는 언론, 미디어는 많지 않다. 앞으로도 노동자의 삶에 대한 우리 사회의 관심과 응답을 구하는 다큐멘터리, 프로를 지속적으로 다루어주기를, 노동자들의 절박한 호소를 들어주는 KBS가 되기를 바란다.

<시사직격> 살리고 싶다 살고 싶다, 간호 인력 실태 보고
간호사들의 목소리를 그대로 담아내다

• • • • •

　코로나19가 전 세계적으로 창궐한 지 어느덧 3년 차에 접어들고 있다. 전시 체제와도 같은 상황 속에서, 국민의 안전을 지키기 위해 최선을 다하고 있는 간호사들. 그러나 경제, 국방, 문화 등 여러 지표에서 세계 상위권을 기록하고 있는 대한민국에서 현장 간호 인력의 처우와 관련된 지표는 매우 열악하다.

　<시사직격>은 코로나19 격리병동을 24시간 취재하고, 환자를 살리기 위해 살고 싶다는 간호사들의 생생하고 절박한 목소리를 들으며 대한민국 간호사의 오늘을 진단했다. 서울의 한 코로나 전담병원에서 근무하는 간호사의 노동현장을 보여주는 모습에서 시작하여 간호사들이 병원을 떠날 수밖에 없는 상황을 여실히 보여주었다.

그들은 코로나 19로 요양보호사, 환자 보호자 등 외부 출입이 엄격히 통제되는 상황에서 거동이 불편한 환자의 양치질, 음식물 대신 환자식 넣어주기, 중환자실 소변, 대변 관리, 욕창이 발생하지 않도록 하루에 8번 이상의 체위변경 등 한번 방호복을 입고 음압병동에 들어가면 3, 4시간씩 병동 안에 머무르며 화장실도 못 가고 물조차 마시지 못하며 근무하고 있었다. 여름에는 바람 한 점 통하지 않고, 한겨울에도 온몸이 땀으로 흥건한 채 기본적인 생리현상조차 해결하지 못한 채 극한의 노동강도 아래 근무하고 있었다.

   정세균 전 국무총리가 간호사들에게 K방역의 주역이라고 칭송한 글에 그들은 우리는 매일 실패하고 있고, 역사의 명예로운 이름으로 기억되고자 하는 마음도 없으며 의료진이 환자를 포기하지 않기를 정말 간절히 바란다고 회신하였다. 정부는 병상 수 확보에만 열을 올리며, 부족한 의료진을 민간 파견인력으로 충당해오고 있는데, 파견의료진은 1개월마다 교대 근무로 6개월 근무 후에는 내보내고 있어 안정적인 의료인력 수급이 아닌 땜질식으로 인력을 운영하고 있다. 방송에서 익명의 파견 간호사는 병동 위치, 물품 위치 교육이 전혀 이루어지지 않아 비효율적으로 업무가 이루어지고 있다고 인터뷰하였다.

   이에 대해 정부는 코로나19가 곧 끝날 텐데 갑자기 인력 확보했다가 유휴인력은 어떻게 하느냐며 인력 확충에 소극적인 것인데, 간호사 인력난, 장시간 노동, 열악한 처우는 코로나19 팬데믹 이전에도 있었던 문제이다.

   열악한 근무환경으로 인해 병원 퇴직자 중 절반 이상이 3년차 이상의 간호사이며 특히 임신, 출산, 불규칙한 근무시간, 육아의 어려움으로 30세 안팎이면 상당수가 병원을 떠나고 있다. 간호사들의 이직 사유는 '열악한 근무조건과 노동강도(80%)'가 가장 그 비율이 높으며 그다음으로는 임금 수준 불만(51%), 직장문화 및 인간관계(25%) 순이다.

이에 대한 병원의 입장은 '야간근무를 하기 싫어하니까. 교대근무 자체를 안 하려고 하니까… 똑같은 일상생활을 즐기려고 하고, 워라밸을 추구하고 있고 우리나라가 복지국가가 된 거 같다.' 등으로, 단순 워라밸 추구로 치부하고 있다. 장시간 노동, 사람의 생명을 다루는 중압감 높은 업무, 화장실 가기, 물 마시기 등 기본적인 생리 욕구도 해결할 수 없는 시간조차 없어 인권이 보호받지 못하는 노동 환경으로 인한 퇴사를 워라밸 추구, 복지국가가 되었다고 표현하는 병원 관계자의 발언을 통해 그들을 소모품으로만 바라보고, 인권존중의 인식조차 없으며 노동 환경을 정상화하는 것은 아직도 먼 이야기임을 알 수 있었다.

2018년 주 최대 52시간으로 근로기준법 개정 당시 근로시간 특례업종 26개에서 5가지로 축소되었지만 보건업은 그대로 52시간 초과근무도 가능하며, 4시간 이상 근무시 30분 이상, 8시간 이상 근무시 1시간 이상의 휴게시간도 제대로 적용받지 못하고 있다.[44] 이러한 장시간 근무는 의료 인력의 교대근무 사이 충분한 수면과 휴식을 취하지 못하여 육체적 피로도를 증가시키고 이직 증가를 야기하며 간호사의 부족, 숙련도 낮은 신입 간호사 유입이라는 악순환로 인해 적절한 간호 서비스를 받지 못하여 환자의 치료 결과에도 부정적인 영향을 미치고 있는 것이다. 또한 번호표를 뽑아

순서를 정하는 퇴사 순번제, 임신 순번제 등 21세기라고는 믿어지지 않을 근무환경이 여전히 존재하고 있다.

그들은 코로나19 팬데믹 이전에도 감당하기 어려운 많은 수의 환자를 돌보아왔고 안전하지 않은 상태로 장시간 노동에 시달려 왔다. 그들의 요구사항은 분명하다. 현재 권고사항에 머무르고 있는 간호사 1인당 환자 수를 법으로 강제하자는 것이다. 간호사를 부품으로 소모하고 OECD 국가 중 간호사법이 없는 유일한 한국은 간호사 1명당 평균 환자 수 19.4명으로 노르웨이 3.7명, 미국 5.3명, 스위스 7.9명에 비해 월등히 그 수가 많다. 병원은 더 많은 이윤을 추구하기 위해 턱없이 부족한 수의 간호사를 고용하고 있는 것이다.

이날 방송에서는 코로나 영웅이라는 이름아래 그들에게 감당하기 힘든 짐을 지우는 대신 부족한 간호인력 확충, 열악한 노동환경 정상화를 위한 사회적 논의가 필요한 상황을 그들의 목소리를 그대로 담아 진정성 있게 다루었다.

이에 대해 KBS 해당 프로 유튜브 페이지 댓글을 보면 "피디님을 비롯한 모든 제작진 여러분, 저희 간호사들 목소리를 들어주셔서 정말 감사합니다. 간호사들이 더 안전하게 간호할 수 있는 환경이 어서 빨리 오길 바랍니다. 구구절절 공감되고 울컥했습니다. 결코 한 집단의 이기주의가 아니라 온 국민의 기본권을 지키기 위한 몸부림인 것을 알아주셨으면 좋겠습니다. 치열하게 일하지 않는 간호사가 있을까요? 간호법이 제정되는 날을, 간호사 1명당 환자 수가 법제화되는 그 날을 두 손 모아 기다립니다. 공영방송에서 이 정도로 간호사의 현실과 고충을 잘 나타내주는 영상을 만들다니

정말 놀랐습니다. 그동안 봤던 프로그램 중 가장 간호계 현실을 사실적으로 보여준 프로그램인 것 같습니다. 솔직한 이야기가 이제서야 전달된 거 같습니다. KBS에서 간호사의 목소리를 알려주셔서 너무 감사합니다." 등 대부분 간호사의 노동 현실을 있는 그대로 담아낸 좋은 프로그램을 만들어 주어서 감사하다는 내용이었다.

간호 인력 실태, 정부, 병원, 노조의 입장, OECD 등 외국 사례를 전반적으로 균형감 있게 다루어 정성들여 제작한 프로그램이었는데, 방송에서 그들의 목소리를 그대로 들려주었을 뿐 아니라, 이에 대한 정부, 병원, 노동조합(보건의료노조 정책연구원장)의 입장을 알려주었고, 과거 미국의 사례, OECD 국가 중 간호사 1명당 평균 환자 수 등 데이터를 제시하여 인력 실태 개선 필요성에 대해 감정적 호소에 그치는 것이 아니라 객관적으로 설득력 있게 다가왔기 때문이다.

그리고 인터뷰 중 김수련 간호사가 언론이 정부를 비판하고 싶을 때 그들이 원하는 말만 편집하여 내보내고 정작 자신이 말하고 싶은 제도 개선 부분은 방송에 나가지 않았고, 희생을 아름답게 포장하여 국민적 영웅으로 껍데기를 씌워 국민을 기쁘게 해주는 치어리더 같은 존재인 것 같았다고 말하였다. 공영방송은 계층과 지역을 불문하고 모든 국민에게 제공되는 보편적 방송으로서의 중요한 가치를 지니고 있다. 이번 프로그램을 통해 그러한 공적 가치를 실현하기 위한 KBS의 노력을 엿볼 수 있었다. 언론의 사회적 기능, 공영방송의 가치를 보여주었다. 이 프로그램을 통해 간호사들의 노동환경 개선으로 이어지기를 바란다.

<다큐인사이트> 한국 웹툰의 발전, 웹툰 제국의 탄생

• • • • •

한국 웹툰 성공의 비결은 무엇일까. 대한민국 스타 웹툰 작가들이 총출동하는 다큐멘터리 KBS 다큐 인사이트 <웹툰제국의 탄생>이 웹툰의 20년 역사와 함께 비하인드 스토리를 방송했다. 2012년 4월 방영된 <KBS 다큐> "또 하나의 한류, 한국만화의 힘" 이후 10년 만에 웹툰 성공 비결에 대한 이야기를 담은 다큐멘터리로 웹툰의 태동, 초기, 성장기, 글로벌 시장으로의 급속한 확장 등 한국 웹툰의 역사를 보여주었고 네이버, 다음 카카오 주요 플랫폼 사업자들과 작가들의 인터뷰를 통하여 웹툰의 발전 모습을 생생하게 전달하였다. 10년 전에 <KBS 다큐>에 출연하였던 네이버 웹툰 김준구 대표, 이현세 작가가 인터뷰한 장면도 인상 깊었다.

과거 유해 매체로 취급을 받아왔던 한국 만화는 1990년대까지 불법 스캔본으로 유출, 만화 대여점의 성행, 일본 만화의 유입 등을 이유로 극심한 침체기를 겪었다. 그러다가 인터넷을 사용하게 되면서 누구나 만화를 그려

올릴 수 있는 공간이 나타났다. 좁아진 출판 만화 시장에서 출구가 없던 무명 만화가나 지망생들은 웹이라는 공간에 본인들의 작품을 올리기 시작했으며, 만화를 올리고 댓글을 달면서 새롭게 소통하는 웹툰 문화가 생겨난 것이다.

방송에서 내레이션을 최소화하고 주로 작가 인터뷰와 타이포그래피를 표현 수단으로 이용하여 기존 다큐멘터리의 구성과는 다른 모습이면서도 시청자들에게 편안하고도 적절한 이해수단으로 잘 활용된 듯하다.

버스를 기다리는 1-2분, 그 짧은 시간 동안 세계 곳곳에서 웹툰 애플리케이션을 켜고 한국 웹툰을 읽는 시대가 도래했고, 〈이태원 클라쓰〉, 〈DP〉, 〈지옥〉 등 드라마화된 웹툰이 글로벌 OTT를 통해 큰 성공을 거두었으며, 이미 웹툰의 영상화로 큰 성공을 거둔 넷플릭스 역시 〈지금 우리 학교는〉, 〈안나라수마나라〉 같은 후속작을 준비 중에 있다.

방송에서 주호민, 윤태호, 강풀, 야옹이 작가와 같은 최고의 웹툰 작가들과 한국 웹툰 산업의 부흥을 이끌었다고 평가받는 기획자가 출연하여 웹툰 산업의 발전 과정을 잘 설명해주었지만, 방송시간 내에 단편으로 이야기를 구성하는 시간적 제한으로 인해서인지 만화에서 웹툰까지 한국 만화의 흐름이 변화된 모습 즉, 산업적인 측면을 주로 다루었는데 산업적인 발전 측면 이외에 다른 부분의 심층적인 분석이 다소 아쉬웠다.

국내 웹툰 시장의 규모는 한 해 1조 원이 넘는다. 한국 콘텐츠진흥원에 따르면 2020년 시장규모가 1조 538억 원이며 전년 대비 64.6% 늘어난 수치라고 한다. 지난해 한국콘텐츠진흥원이 710명을 대상으로 조사한 '2021 웹툰작가 실태조사 보고서'에 따르면, 전체 응답자의 52.8%가 '계약 과정에서 불공정을 경험한 적이 있다'고 답했고, 2차 저작권이나 해외 판권과 관련해 제작사에 유리한 일방적 계약을 하거나(23.2%), 정산 내역을 제공하지 않은 경우(17.5%), 계약서 수정 요청을 거부하는 경우(12.1%)도 많았다. 작가가 플랫폼과 직접 계약하는 경우는 58.2%, 에이전시·제작사·스튜디오 등 중간 회사와 계약하는 경우는 39.2%였다.

이러한 웹툰 발전 뒤에서의 각종 에이전시들의 난립과 그 속에서 작가들을 갈아 넣어 착취하는 식의 경쟁, 무한 경쟁 속에 일부 작가들이나 플랫폼이 이익을 착취하는 불합리한 구조, 수익 배분 방식의 공정성 문제, 웹툰 시장에 적합한 표준계약서 부재 문제 그마저도 권고사항에 머무르는 표준계약서 작성, 웹툰 노동자에 대한 고용보험 적용문제, 저작권 보호 문제, 불법 웹툰사이트로 인한 피해 등 어두운 이면에 대해서도 다루었으면 하는 아쉬움이 있다. 이번 작품에서 다소 아쉬웠던 부분이 후속 심층 프로그램으로 방영되기를 기대한다.

<GPS와 리어카 연속 보도>, 시급 950원·13km 인생…
GPS로 확인한 폐지 수집 노인 노동 실태

· · · · ·

주변에서 폐지 줍는 노인을 흔히 볼 수 있지만, 지금껏 그 노동 실태에 대한 관심은 전무했다. KBS 대구방송총국은 노인의 폐지 수집 노동을 집중 보도했다. 최저임금 10분의 1 수준으로 근근이 삶을 이어가는 노인들. 폐지 수집의 사회적 기여도 뒤에 가려진 그들의 열악한 노동환경을 확인했다. KBS1 뉴스9에서는 지난 3월 폐지 수집하는 노인의 노동실태에 대해 다루었다. KBS 대구 뉴스7에서 20분짜리 다큐멘터리를 시작으로 연속 리포트와 디지털 기사로 보도하였고, 뉴스9에서 두 차례에 걸쳐 방송한 것이다.

이 보도는 2021년 가을, 대구 북구청이 가난한 노인들에게 폐지 잘 주우라며 리어카를 전달하는 기념식에서 발단이 되었는데, 해당 구청이 관내에 폐지 줍는 노인이 몇 명인지조차 파악하지 않은 채, 그 누구도 가난한 노인의 폐지 수집을 이상하게 생각하지 않는다는 점에서 착안된 것이라고 한다.

이 보도가 좋았던 것은 문제 인식과 비판에 그치지 않고, 객관적 실태 파악과 구체적 해결 방안을 모색한 것이다. 취재를 위해 참고할 자료는 전무했는데 그간 정부 차원의 실태조사가 한 차례도 없었고 민간연구에서도 전국 단위의 연구 조사도 없었으며 폐지 수집 노인의 숫자조차 파악되지 않은 상황이었다.

KBS는 보건복지부 산하의 한국노인인력개발원에 연구를 의뢰하여 공동취재 연구를 진행하였는데, 생계형 노인 10명을 모집하여 폐지를 실어 나르는 리어카에 GPS를 달아 노동시간, 이동거리 등을 정확히 기록하여 단지 감정적으로만 이들의 고된 이야기를 전달하지 않았다. 하루 평균 11시간 동안 일하며 13km를 걷는 장시간 노동, 취약시간 노동, 최저임금의 1/10 수준인 시간당 950원의 노동 대가, 위험한 노동 환경 등 폐지 수집 노동의 특성을 객관적 조사에 따라 가시화된 수치로 표현했다.

또한 이들의 폐지 수집이 단순히 개인 생계문제만이 아니라 널브러진 쓰레기를 줍는다는 면에서 환경미화의 측면이 있고, 도시지역 단독주택에서 발생하는 폐지의 약 60.3%에 해당하는 양의 폐지를 수집하고 있다는 점에서 자원을 재활용한다는 사회적 기여도 있음을 심층취재를 통해 밝혀냈다.

시청자들은 이번 방송에 대해 '사회 이면을 진정한 마음으로 기사화하심에 감사드립니다. 단계별로 접근해서 미진한 부분은 기술의 영역까지 도움을 받아 심층 취재하는 모습 멋집니다. 이런 기자분들은 특급칭찬, 단순히 지자체 행정을 비판하고 넘어갈 줄 알았는데, 기자로서 손쉬운 편한 길을 택하지 않고 문제의식과 가설을 세운 후 예산까지 추진해서 기획을 하시는 것이 참으로 대단하다고 평가드리고 싶습니다.' 등 뜨거운 반응을 보였다.

2022년 3월 통계청에 따르면 처분가능소득 기준 65세 이상 노인 인구의 상대적 빈곤율(노인 빈곤율)은 2020년 38.9%로 집계되었다. 경제협력개발기구(OECD) 1위라는 불명예를 안고 있는 우리나라 노인 빈곤율이 처음으로 30%대로 떨어졌으나 OECD 평균 13.5%(2019년 기준)의 약 3배 정도로 여전히 최고 수준이다. 대다수 OECD 국가들의 노인 빈곤율은 10% 안팎에 그치며, 그나마 상대적으로 노인 빈곤율이 높은 편인 미국과 호주, 일본도 20%대인 것을 보면 대단히 높은 수치라고 할 수 있다.

KBS가 〈시사기획 창〉을 통해 이 문제를 다시 한번 심층성 있게 다룬다는 소식을 들었다. 가난한 노인이 폐지 줍는 것을 그 누구도 이상하게 생각하지 않는 나라, 노인 빈곤율 1위 대한민국이 조금 더 나은 변화를 가질 수 있도록 KBS가 앞으로도 이러한 사각지대를 끊임없이 살펴보고 정책적으로도 의미 있는 결과가 나올 수 있도록 꾸준히 후속 보도를 이어가주기를 바란다.

각종 구독서비스가 인기를 끌고 유튜브, 넷플릭스, 티빙 등 스트리밍 중심으로 미디어 환경이 변하면서 시청자들이 더 이상 TV를 보지 않는다고 한다. 이러한 시대 흐름의 변화 속에서 이번 보도를 통해 모든 국민에게 지역과 여건에 상관없이 양질의 방송서비스를 제공하기 위해 노력하며, 시청자의 공익에 기여할 수 있는 프로그램을 제작하는 공영방송으로서의 KBS의 가치를 높여주었다고 생각한다.

<KBS 뉴스9> 중대재해처벌법 시행 100일, 노동인권 사각지대

• • • • •

중대재해처벌법이 시행된 지 100일이 지났음에도 불구하고 산업재해 사망사고가 끊이지 않고 있다. 재해 유형별로 살펴보면, 최근 3년간 떨어져서 사망한 노동자가 1,074명(44.2%)으로 거의 절반에 가까웠고, 이어서 끼임 333명(13.7%), 기타 258명(10.6%), 깔림 및 뒤집힘 199명(8.2%), 물체에 맞음 189명(7.8%) 순으로 많았다. 기본적인 안전 조치조차 이행하지 못해 안타까운 사망사고가 계속해서 발생하고 있는 것이다.

KBS 9시 뉴스는 <일하다 죽지 않게>를 특집으로 연속 보도하며 매주 사망한 노동자 수를 알림과 동시에 일터에서 다치거나 숨지는 산업재해 문제를 지속적으로 이야기하고 있다. 지난 2022년 1월 27일부로 시행된 「중대재해 처벌 등에 관한 법률(중대재해처벌법)」이 5월 6일 시행 100일을 맞이했다.

고용노동부 2021년 산업재해 사고사망 현황 발표[45]에 따르면 산재 사망 사고자는 828명으로 전년 대비 54명 감소한 수치이며[46], 2020년에 비해 건설(△41명)·제조업(△17명)에서 감소, 서비스업(+1명) 및 운수·창고· 통신업(+5명)은 증가, 특히 코로나19로 인해 배달노동자 사고사망[47] 증가세가 지속되고 있고, 50인 미만 소규모사업장(현장)에서 80% 이상 발생하고 있으며, 떨어짐·끼임 등 재래형 사고가 절반 이상 발생(53.9%)했다고 한다.[48] 2021년 산업재해 사고사망자 감소세에도 불구하고 60세 이상 고령자 및 외국인 사망은 증가했다.[49]

2022년 올해 1분기 사고사망자는 지난해 1분기(165명) 대비 8명이 감소한 157명으로, 재해 유형별로 보면 떨어져서 사망한 노동자가 56명(35.7%), 끼임으로 사망한 노동자가 21명(13.4%)으로 지난해보다 15.2% 감소했지만 여전히 절반에 가까운 수치(49.1%)다. 두 유형의 사고는 기본적인 안전 수칙 준수만으로 예방 가능한 전형적인 재래형 사고다.[50]

고용노동부 2020년 산업재해 사고사망 현황[51], 2021년 산업재해 사고사망 현황 발표와 2022년 1분기 재해조사 대상 사망사고 현황을 비교해보면 50인 미만 사업장에서 80% 이상 발생, 과반에 가까운 떨어짐·끼임 사망노동자 비율이 '복붙'해도 될 정도로 유사하다는 점이 놀라웠다. 경제 규모 세계 10위권임에도 OECD 산재 사망률 1위, 중대재해처벌법 시행에도 불구에도 여전히 소규모 사업장에 80% 이상의 산재 사고가 집중되고, 60세 이상 고령자 및 외국인 사망은 오히려 증가하였는지, 떨어짐·끼임 등 기본적인 안전보건 조치 의무 위반으로 인한 재해 형태가 반복되는지 철저한 분석이 필요하다.

KBS 9시 뉴스는 매주 목요일 노동건강연대와 함께 〈일하다 죽지 않게〉를 특집으로 연속 보도하며 매주 사망한 노동자 수를 알림과 동시에 일터에서 다치거나 숨지는 산업재해 문제를 지속적으로 이야기하였다. 2020년 11월 일주일간은 〈더 나은 삶 안전한 대한민국 - 일하다 죽지 않게〉라는 슬로건으로 산업 현장의 안전을 심층적으로 점검하였다. 또한 KBS는 특집보도뿐만 아니라 특별생방송 〈더 나은 삶 안전한 대한민국〉, 산업안전재해 공론의 장을 마련하기 위한 〈심야토론〉, KBS 다큐 〈다시는 일하다 죽지 않게〉를 제작 방송하는 등 그간 노동자들이 일터에서 죽음으로 내몰리지 않기 위해 꾸준히 제작하여 다루었다.

KBS는 그간 산업재해예방을 위한 전사적인 노력을 기울여 중대재해처벌법 제정에 큰 기여를 했다. 특히 지난해 3월 '일하다 죽지 않게'는 국제앰네스티 언론상을 수상했다. 국제 앰네스티는 이 보도에 대해 건강한 노동권이 인권의 기본이라는 점을 다시 한번 상기시켰으며, 계속해서 노동인권에 대한 언론의 매서운 감시를 기대한다고 강조한바 있다.

그런데 KBS가 중대재해처벌법 시행 이후 언론으로서 매서운 감시를 하였는지는 의문이다. 지속적으로 산재, 중대재해에 대해 보도를 하고 있긴 하지만 현장집중취재의 심층성이 강화된 보도가 아쉬운 시점이다. 중대재해처벌법은 기업이 사전에 안전보건조치를 강화하고 안전보건관리체계 구축을 통해 종사자의 중대재해를 예방하는 것이 궁극적인 목적이다. 중대재해처벌법이 시행되고 있는 지금, 보다 법이 잘 작동하고 있는지 철저하게 곱씹어 더 이상 비용으로 희생당하는 노동자가 발생하지 않게끔 지속적으로 매섭게 감시해야 할 것이다.

KBS는 중대재해처벌법 통과 전, 노동 현실 및 노동인권에 대해서는 아직까지도 후진국의 오명을 벗어나지 못하고 있는 현실을 매섭게 꼬집고 비판했으며, 산재 사망국 1위라는 오명을 지우려는 비장한 각오와 의지가 담긴 심층 보도를 하였다. 이처럼 현장 중심의 심층 보도가 필요하다. 중대재해처벌법은 기업이 책임감을 가지고 노동자들의 안전에 더 신경 쓰고 안전한 일터를 만들도록 하는 것이 그 취지인데, 안전에 투자해야 할 비용이 큰 부담이라고 기업들은 여전히 호소하고 있다. 노동자의 안전·생명보다 비용·이윤이 우선시되고 있는 것이다. 정부, 기업, 노동자가 산업 안전에 머리를 맞대어 산재 사망률 제로를 달성할 수 있도록 공영방송으로서 KBS가 그 역할을 하여야 한다.

<시사직격> 앞으로는 상생, 뒤로는 노조 파괴?

· · · · ·

앞으로는 상생, 뒤로는 노조 파괴? 두 얼굴의 SPC

파리바게뜨는 2021년 4월, 직접고용 문제 등 제빵 기사들과의 오랜 갈등을 해소하고 사회적 합의를 성공적으로 이행했다고 자축했다. 그러나 1년이 지난 지금, 노동 인권 침해 사례는 여전히 일어나고 있고 심지어 노조 파괴 공작까지 공공연히 자행되고 있다며 전국화섬식품노조파리바게뜨지회의 지회장이 무기한 단식투쟁에 돌입했다.

KBS1TV <시사직격>은 회사에 이익이 되지 않는다는 이유로 훼손되고 있는 노동현장과 노조의 힘을 꺾기 위해 악용되는 복수노조 교섭창구단일화의 문제점을 집중 조명했다. 해당 방송은 유튜브 라이브로도 동시 송출되어 시청 접근성을 높였다.

이날 방송에서는 점심 먹을 시간 없이 하루 9시간 근무 후 퇴근하고 나서야 첫 끼니를 먹는 노동자의 모습, 코로나 19 의심 증상에도 대체할 인력 없이 39도 고열에 시달리며 근무 후에 양성 판정 받은 노동자의 모습, 직장인 여성 대비 2배 높은 파리바게뜨의 유산율(51%), 주 52시간 연장 꺾기, 가입노조에 따른 승진차별, 노조 탈퇴 종용 및 노조 탈퇴서 허위제출의 부당노동행위 등 노동자의 인권을 존중하지 않는 SPC의 노동인권침해 사례를 집중적으로 다루었다.

SPC의 노동인권 침해문제는 이번이 처음이 아니다. 지난 2017년 7월 고용노동부는 파리바게뜨 본사 11개 협력업체, 56개 가맹점 등 전국 68개소를 대상으로 근로감독 실태를 조사하여, 파리바게뜨가 가맹점에서 근무하는 제빵 기사를 불법 파견으로 사용했다며 5,378명의 제빵 기사를 직접 고용할 것과 제빵 기사에 지급하지 않은 연장근로수당 등 총 110억 1,700만 원을 지급할 것을 시정지시한 바 있다. 가맹점주와 협력업체가 도급계약 당사자이지만 파리바게뜨가 사실상 '파견근로자보호 등에 관한 법률(파견법)'상 제빵기사의 사용사업주로 역할을 하였고 이는 불법파견에 해당한다고 판단했던 것이다. 이에 SPC는 2018년 1월 본사와의 급여, 복리후생 수준 통일, 부당노동행위 책임자 처벌 등 사회적 합의를 선언하였고, 2021년 4월 이행 완료 선포식을 하였다. 그럼에도 불구하고 노조탈퇴서 허위작성·제출 등 노동권 침해사례가 계속되고 있는 것이다. 〈시사직격〉은 사측이 노조가입자 명부를 실시간 확인하며 민주노총 탈퇴 후 한국노총으로 가입하면 중간관리자에게 사례금을 지급하고 교섭창구단일화제도를 이용하여 노조를 무력화시키려는 부당노동행위를 적나라하게 비판하였다. SPC

의 창립이념인 '상생과 나눔', '정직한 맛으로 행복한 세상 만들기'와 상반된 노동환경을 비판하며 즉각 시정할 것을 촉구했다.

또한 방송에서 SPC뿐만 아니라 한국에서 복수노조 보장 취지가 훼손된 교섭창구단일화제도의 폐해로 노동조합이 당면한 문제를 다루어 일반 시청자들의 이해도를 높였다. 국제노동기구(ILO) 결사의 자유 위원회 전문가(아만다 브라운) 인터뷰를 통해 한국의 교섭창구단일화제도가 노동조합의 권리를 축소시킬 수 있다는 우려와 함께 이탈리아에서는 교섭대표노조뿐만 아니라 사업장 내 모든 노동자가 대표를 선출하고, 프랑스에서는 선거에서 10% 이상 표를 받는 노조가 교섭에 참여할 수 있는 등 해외 사례를 제시했다. 즉, 교섭대표 선출 방식을 회사가 개입할 수 없고, 노사가 분명하게 협의해야 하며, 회사가 노조와 노동자의 권리를 약화시키지 못하도록 정부가 기능해야 한다는 점을 제시해주었다.

〈시사직격〉 유튜브 댓글에서도 "긴 시간 들여서 종합적으로 사안을 재조명해주셔서 감사합니다. 수신료가 정말 가치 있게 느껴졌습니다. 수신료 내는 것에 뿌듯함을 느낀 방송이었습니다. 시사직격 고맙습니다." 등 시청자의 반응도 좋았다.

KBS는 파리바게트 임종린 지회장의 단식에 대해 다른 방송사에서 다루지 않았던 것과 달리, SPC의 노동환경을 집중적으로 비판하며 문제의 쟁점과 근본적인 문제 해결을 위한 방향 제시까지 해주었다. 특히 일부 매체에서는 SPC 불매운동으로 인해 가맹점주들이 피해를 보고 있다는 보도를 통해 문제의 본질을 흐리기도 했는데, 〈시사직격〉은 우리 사회 노동문제 최전선에 있는 SPC의 노동인권 침해, 부당 노동행위만을 집중적으로 다루었다는 점에서 의미가 있었다. 앞으로도 KBS가 언론에서 소외된 노동 사각지대를 다루고, 적극적인 노동 행보를 이어나가며 공영방송의 역할을 다하기를 바란다.

노동법 위반 제작 드라마 〈미남당〉
사회적 책임을 다하는 공영방송 KBS가 되기를 바랍니다

• • • • •

　드라마 〈미남당〉의 조명, 동시녹음, 그립 등 기술팀 10여 명의 스태프들은 지난 5월 30일 방송 스태프지부 노동조합의 노사협의를 통해 KBS 자회사 몬스터유니온과 피플스토리컴퍼니 제작사에 대해 기존 근로계약의 근로기준법 제53조 연장 근로의 제한 및 제54조 휴게[52] 위반 사항을 개선할 것을 요구하였다. 그리고 바로 그 다음 날 재계약이 거부되었다.

　실질적으로 해고된 스태프들은 〈미남당〉 근로기준법 위반 사항들에 대한 처벌, 연장수당, 야간수당 등 미지급된 수당들에 대한 지급 조치를 요구하는 집단 진정[53]을 하였다. 방송스태프 지부는 〈미남당〉 6개월의 제작기간 동안 근로기준법상 1주 최대 12시간까지 할 수 있는 근로시간 연장을 '최대 23시간'까지 초과하기도 하는 등 총 17주차를 법정노동시간을 초과하며 촬영해왔다고 주장하였다. 구체적으로는 초과근로시간뿐만 아니라

2022년 7월

스태프들과의 △ 근로계약서 미작성, △ 근로시간·휴게시간 미지정, △ 임금의 구성항목·계산방법 및 지불방법에 관한 사항 미지정, △ 휴일·휴가 미지정, △ 취업의 장소와 종사하여야 할 업무에 관한 사항 미지정 △ 4대보험 미가입 등 수많은 근로기준법 위반소지가 있다고 주장한다.

현재 〈미남당〉 제작 현장에서 남은 촬영 기간인 7월 말까지 고용노동부로부터 수시 근로감독을 받고 있다. 이번 근로감독은 고용노동부가 2018, 2019년 KBS 4개 드라마 제작 현장에 대해 근로감독을 실시한 지 3년 만에 드라마 현장에 실시하는 것으로 당시 고용노동부는 방송스태프지부의 청원에 따라 두 차례 특별근로감독한 뒤 팀장·감독을 제외한 드라마 스태프의 노동자성을 인정하였고 기간제 근로자의 주요 근로조건 서면 명시의무 위반사항[54]에 대한 주의 촉구를 하였다. 2018년 당시 고용노동부(서울지방고용노동청)는 「드라마 제작이 종료되어 법 위반사항에 대한 시정이 어려운 점등을 감안하여 이번에 한해 엄중 "주의 촉구"를 하였고 향후 동일한 사례가 발생하지 않도록 노무관리에 철저를 기하라」는 공문을 발송한 바 있다.

드라마 스태프와 민주노총 공공운수노조 희망연대본부 방송스태프지부, 민주노총 서울본부, 문화예술노동연대, 한빛미디어노동인권센터 등 노동·시민단체들은 기자회견을 열고 〈미남당〉 스태프들의 집단해고 사태를 규탄하는 한편 장시간 불법 노동 문제가 여전하다며 근로기준법조차 지키지 않는 방송사와 제작사를 엄중 처벌하라고 요구하였다.

고용노동부 근로감독에 대해 KBS 관계자는 제작사 근로감독과 관련한 입장을 밝히는 것은 적절하지 않다면서 어떤 결과가 나오는지 관심을 가지고 지켜볼 방침이라고 하였다. KBS는 이를 외주 제작사의 문제로 간주해서는 안 될 것이다.

최근 노조법상 사용자는 근로계약을 체결한 당사자에 한정되는 것이 아니며 노동3권을 사실상 침해할 수 있는 권한을 가지는 자도 사용자로 인정하여 그 범위가 확대되고 있다. 대한통운 대리점 택배기사노조는 씨제이대한통운이 기본적인 근로조건에 대해 사용자로서 권한과 책임을 일정 부분 담당하고 있다고 볼 정도로 실질적이고 구체적인 지배 결정할 수 있는 지위에 있다며 부당노동행위구제신청을 하였고, 이에 대해 지난 2021년 6월 중앙노동위원회는 노조가 요구한 교섭의제에 대해 씨제이 대한통운은 단독 또는 대리점주와 공동으로 택배기사노조와 성실하게 교섭에 임해야 한다며 노조법상 사용자성을 인정하는 의미에서의 원청의 사용자성 확대 판정을 하였다.

고용노동부 또한 지난 2020년 11월 고용구조의 자율적 조성을 위한 기간제 및 사내하도급 근로자 보호 가이드라인[55]을 개정하여 직접적인 근로계약의 당사자가 아니더라도 사내하도급 근로자의 근로조건 개선 등을 위한 사용자의 준수 및 노력 사항을 제시하고 있다. 현재 〈미남당〉 드라마 제작현장에서 고용노동부 근로감독이 진행되고 있고 노동법을 위반하여 촬영된 드라마가 현재 KBS에서 송출되고 있다.

따라서 KBS는 외주 제작사의 노동조건에 대해 직접 관여할 지위에 있지 않다는 원론적인 입장보다는 공영방송으로서 지금 사태에 대한 적극적인 해결 의지를 보여줘야 한다. KBS는 KBS 채널에서 방영되는 프로그램 제작환경에 무관하지 않다. 제작현장 노동조건에 대한 책임 있는 방향을 제시하며 진정성 있는 해결 의지를 보여야 한다. 또한 KBS는 향후 외주제작사를 선정할 때 노동법 위반 전력이 없는지, 노동에 대한 정당한 대가를 지불하지 않는 불공정 행위 등이 없는 업체인지 더욱 엄중하게 평가해서 선정해야 하며 전례가 있거나 문제 있는 외주제작사는 제외해야 할 것이다.

하나의 드라마가 만들어지기까지 많은 노력이 들어가며 그 노력은 결국 한 명 한 명의 스태프가 들인 노동의 결과이다. 노동자들이 불법 노동을 하거나 부당한 대우를 받는다면 드라마가 온전히 완성되어 송출되더라도 이는 제대로 된 공정한 노동의 결과라고 판단하기 어렵다. 노동법 위반 사항 개선을 요구했다는 이유로 하루 아침에 고용 종료되어 어려움에 처한 스태프 노동자들은 지금도 거리에서 부당함을 외치고 있다. 본 위원은 시청자의 한 사람으로서 현재 아무 일 없다는 듯 방영되고 있는 〈미남당〉을 시청하기가 불편하다. 국민의 수신료로 운영되는 공영방송으로서 KBS가 사회적 책임을 다하며 다른 미디어에도 공적 가치를 확대하는 역할을 하기를 바란다.

＊ 후속 조치

서울 여의도 KBS 본관 앞에서 2022. 11. 4. 희망연대본부 방송스태프지부, '드라마 방송제작 현장의 불법적 계약근절 및 근로기준법 전면적용을 위한 시민사회단체 공동행동' 주최로 KBS의 근로감독 결과 이행을 촉구하는 기자회견이 진행됐다.

고용노동부는 2022년 10월 '미남당' 촬영 현장 근로감독 결과 기술팀 팀원급 스태프 32명 전원의 노동자성을 인정하고, 주 52시간제 위반을 확인했다고 밝혔다. 이 판단에 따라 노동부는 제작사인 피플스토리컴퍼니에 위반 사항에 대한 개선계획서 제출, 미사용 연차 유급휴가수당 약 1,150만 원 지급을 명령했다.

<시사기획 창> MZ, 회사를 떠나다

• • • • •

　<시사기획 창>은 '일하는 사람들의 마음을 알아야 좋은 일터를 만들고, 좋은 일터를 만들어야 좋은 사람이 온다.'는 기획의도를 가지고 MZ세대들이 회사를 떠나는 현실에 대해 세밀하게 다루면서 이러한 현상에 대한 각 세대 간의 시각 차이를 보여주었다.

　코로나19로 인한 사회적 격리가 풀리자 각종 업종들이 다시 활기를 띠기 시작하였고 구인난이 시작되었다. 방송에서 코로나19 이후 구인난에 시달리는 사업주들의 고충을 시작으로 기업을 퇴사하고 배달업을 하는 청년의 이야기, 구인난의 원인이 된 플랫폼 일자리의 활성화, 고용인과 MZ세대 피고용인의 전혀 다른 시각, 기존 회사의 조직 문화 문제점, 현재 MZ세대 퇴사 현황 및 이유, 2000년대 초 구직난 시절과 2022년 현재의 이야기를 동시에 오버랩하는 영상 등 전체적인 흐름이 변화된 트렌드를 읽을 수 있었다.

MZ세대는 1980년대 초반에서 2000년대 초반에 태어난 밀레니얼 세대와 1990년대 중반부터 2000년대 초반에 태어난 Z세대를 아우르는 표현으로 15세에서 40세까지 1,700만 명 정도로 국내 인구 분포상 약 34% 정도를 차지한다. 방송에서 인력난에 시달리는 건 특정 업종의 문제가 아닌 것으로 '요즘 MZ세대가 돈이 없어도 일하지 않는 안티워크 세대라고 폄하하는 기사들이 많은데 마치 일하기 싫어서 고집을 부린다는 것은 잘못된 것이다. 왜 돈이 없는데 일을 하지 않으려고 하나, 할 만한 일이 없어서 안 하는 거다'라는 세태를 MZ세대 입장에서 잘 풀어갔다.

특히 이번 〈MZ, 회사를 떠나다〉 편에서 가장 기억에 남는 인터뷰는 바로 고용인과 피고용인(MZ)의 입장과 사고방식을 다룬 것이었다. 고용인은 구인난 원인에 대해 '정부에서 주 52시간에 잔업과 수당이 묶여서 전에 봉급이 450-500만 원 가까이 됐는데 지금은 280만 원-330만 원 정도다. 주 52시간을 완화시켜주면 더 많은 급여를 받을 수 있어 올 것이다.'고 언급한 반면 MZ세대 피고용인은 '아... 왜...? 쉬고 싶을 때 쉴 수 있고, 일하고 싶을 때 일할 수 있는 그런 환경을 원한다. 안전하고 자유로운 업무를 원한다'고 답변하였다. 또한 고용인은 회사 복지제도로 자녀학자금, 정년퇴직 후 재고용 등을 이야기하지만 MZ세대 피고용인은 결혼을 할지 말지도 모르는데 먼 미래에 대한 보장이 지금 현재 일을 계속하는 데 전혀 영향을 미치지 못한다고 답하였다.

1인 자영업자가 12% 증가한 점은 청년층에서 전통적인 회사 생활을 하는 사람의 숫자가 줄고 있다는 의미이다. 한국경제를 받쳐 온 전통의 산업들은 일할 사람이 없어 심각한 위기감을 느끼고 있고 전반적인 구인난과 변화된 시대 흐름의 큰 맥락은 맞는 듯하다. 다만 방송에서 아쉬운 점이 있다면 고학력, 고스펙자들은 넘쳐나며 대기업, 공기업으로의 취업은 여전히 어렵다는 점과 현재의 코로나19 이후 구인난이 잠시 회복을 위한 일시적인 상승을 의미할 수도 있다는 점을 방송에서 간과한 것일 수도 있지 않은가 하는 점이다. 구직난을 겪다가 거리두기가 완화되면서 경제가 얼어붙은 상황에서 다시 본래의 위치로 가려고 하니 지금 당장 일자리가 많이 필요해 보이고, 지금 이러한 구인난 현상은 특히 자영업에서는 일시직일 수도 있는 것이 아닐까 하는 점이다.

또한 방송에서 어느 중소기업 고용인이 고용 유지에 대한 장려금을 회사에 주는 것도 좋지만 직접 일하고 있는 직원들에게 바로 혜택을 주는 제도가 있었으면 하는 의견을 제시하였다. 해당 인터뷰를 그대로 실었지만 현재 지원 제도로는 청년내일채움공제 제도가 있으며 이는 5인 이상 사업장에 종사하는 미취업청년이 2년간 300만 원을 적립하면 만기시 1,200만 원을 지급받는 것이다.[56] 2년형과 3년 동안 600만 원을 적립해 3,000만 원을 수령하는 3년형으로 구성되어 있었으나, 2021년부터는 3년형이 폐지되었다. 방송에서 현재 청년 지원 제도는 있지만 5인 미만 사업장이 미적용되는데 사업장 규모와 상관없이 1인 이상 사업장에서의 전면 적용을 제안하거나 지원재정규모 확대 필요성을 언급하였으면 좋았을 것이다.

〈시사기획 창〉 유튜브 댓글에서 '방구석에서 세상이 돌아가는 것을 알기에는 한계가 있는데 세상 돌아가는 것을 보여주는 KBS 〈시사기획 창〉

은 항상 고마운 프로그램이다. 요즘의 시대 현상을 잘 나타낸 다큐멘터리다.'라는 글을 보았다. 그 글에 공감하는 바이다. 앞으로도 공영방송으로서 KBS가 이런 변화하는 시대상을 잘 반영하는 프로그램을 기획하여 주었으면 한다.

[프로그램명·방송일시]

▶ 2018년

1. <회사 가기 싫어>, 로그아웃하시겠습니까?
- 프로그램명: <회사 가기 싫어>
- 매체 및 방송일시: KBS2TV, 2018. 9. 12. 23시 10분

2. <추적 60분> 은폐 의혹 10년, 한국타이어 노동자들의 죽음
- 프로그램명: <추적 60분> 은폐의혹 10년, 한국타이어 노동자들의 죽음
- 매체 및 방송일시: KBS1TV 2018. 11. 16. 22시 50분

▶ 2019년

1. <엄경철의 심야토론>, 노동자의 죽음… 위험의 외주화
- 프로그램명: <엄경철의 심야토론> 노동자의 죽음… 위험의 외주화
- 매체 및 방송일시: KBS1TV 2018. 12. 22. 22시 30분

2. <거리의 만찬> 노동의 조건, 노동의 가치를 다룬 의미 있는 기획
- 프로그램명: <거리의 만찬> 노동의 조건2 -3만 6천 7백 걸음
- 매체 및 방송일시: KBS1TV 2019. 1. 25. 22시

3. 여성노동현실에 대한 방송 더 많이 제작해주길…

- 프로그램명: KBS 프로그램 전체

4. 〈KBS 뉴스9〉, 외국인 계절근로자 제도

- 프로그램명: 뉴스9 (안동, 포항, 대구)
- 매체 및 방송일시: KBS1TV 2019. 3. 29. 21시

5. 5월 1일 노동절 or 근로자의 날

- 프로그램명: KBS 프로그램 전체

6. 〈회사 가기 싫어〉, 회사가 당신을 해고하는 101가지 이유

- 프로그램명: <회사 가기 싫어> '회사가 당신을 해고하는 101가지 이유'
- 매체 및 방송일시: KBS2TV, 2019. 5. 28. 23시 10분

7. 〈KBS 열린토론〉, 강사법 파행 막을 대안은?

- 프로그램명: <KBS 열린토론> '강사법 파행 막을 대안은?'
- 매체 및 방송일시: KBS1R, 2019. 6. 25. 19시 20분

8. 〈김경래의 최강시사〉, 대법원 '톨게이트 요금수납원 직접 고용해야' 판결

- 프로그램명: <김경래의 최강시사> [지금은 을.밀.때] "대법 '톨게이트 요금수납원 직접 고용해야' 판결"
- 매체 및 방송일시: KBS1R, 2019. 8. 30. 07시 25분

9. <KBS스페셜>, '3.6%가 말하는 것' 사표 쓰지 않는 여자들

- 프로그램명: <KBS스페셜> '3.6%가 말하는 것' 사표 쓰지 않는 여자들
- 매체 및 방송일시: KBS1TV, 2019. 9. 26. 23시

10. <시사기획 창>, 오지 않는 청년의 시간

- 프로그램명: <시사기획 창> 오지 않는 청년의 시간
- 매체 및 방송일시: KBS1TV, 2019. 11. 2. 20시

11. <정용실의 뉴스브런치>, '인구변화, 미래를 바꾼다'

- 프로그램명: <정용실의 뉴스브런치> '인구변화, 미래를 바꾼다'
- 매체 및 방송일시: KBS1R, 2019. 11. 27~11. 30 10시 05분

▶ 2020년

1. <시사직격>, '무엇이 이들을 죽게 하나'

- 프로그램명: <시사직격> '무엇이 이들을 죽게 하나 1편, 목숨이 낙엽처럼, 공사장 추락사'
- 매체 및 방송일시: KBS1TV, 2019. 12. 13. 22시

2. <시사직격>, '겁 없는 여자들 : 요금수납원 해고, 200일의 기록'

- 프로그램명: <시사직격>, '겁 없는 여자들 : 요금수납원 해고, 200일의 기록'
- 매체 및 방송일시: KBS1TV, 2020. 1. 17. 22시

3. 세계 여성의 날, 노동환경에서 양성평등을 실현하기 위하여

- 프로그램명: KBS 프로그램 전체

4. <KBS 뉴스9>, 로켓이 된 쿠팡맨

- 프로그램명: <코로나19통합뉴스룸>, '[르포] 1시간에 25가구…새벽에도 로켓이 될 수밖에 없는 '쿠팡맨'', <코로나19통합뉴스룸>, '[기자 눈Noon] 새벽에도 '로켓'이 될 수밖에 없는 쿠팡맨'
- 매체 및 방송일시: KBS1TV, 2020. 3. 17. 21시, 3. 19. 12시

5. <시사기획 창>, 살인노동 2부-죽음의 숫자

- 프로그램명: <시사기획 창> '누가 아들을 죽음으로 몰았나', '살인노동 2부-죽음의 숫자'
- 매체 및 방송일시: KBS1TV, 2020. 4. 25. 5. 2. 20시

6. <코로나19통합뉴스룸>, 5인 미만 사업장의 노동법 사각지대

- 프로그램명: <코로나19통합뉴스룸> '코로나' 해고 구제 못 받는 '사각지대'…5인 미만 사업장
- 매체 및 방송일시: KBS1TV, 2020. 6. 2. 21시

7. <시사기획 창>코로나 쇼크, 혼돈의 52시간제

- 프로그램명: <시사기획 창> '코로나 쇼크, 혼돈의 52시간제'
- 매체 및 방송일시: KBS1TV, 2020. 6. 6. 20시

8. 〈일하다 죽지 않게〉, 죽음의 일터는 어디?

- 프로그램명: 〈코로나19통합뉴스룸〉 "골병 들어도 산재는 먼 얘기"…삼성전자 노동자들의 하소연', '산재 사망 역대 최저?…영세업체 노동자들은 딴 세상', '[앵커의 눈] 일하다 죽지 않게…공사장 추락만 막아도 260명 살린다', '[일하다 죽지 않게] ② 죽음의 일터는 어디?…중대재해 8천 건 전수조사', '[일하다 죽지 않게] ① 죽은 자리에서 또 죽다'
- 매체 및 방송일시: KBS1TV, 2020. 7. 3, 7. 16, 7. 23, 7. 30. 21시

9. 〈김경래의 최강시사〉, '봉제 노동자 근로환경, 70년대와 달라진 것 없어'

- 프로그램명: 〈김경래의 최강 시사〉 "봉제노동자 근로계약서, 4대 보험도 없이 최저임금도 못 받는 근로환경…70년대와 달라진 것 없어"
- 매체 및 방송일시: KBS1R , 2020. 8. 26. 07시 20분

10. 〈KBS뉴스〉, 우리는 소모품이 아닙니다

- 프로그램명: [현장영상] KBS 청소노동자 "우리는 소모품이 아닙니다"…정규직 전환 등 처우개선 요구
- 매체 및 방송일시: KBS1TV, 2020. 10. 6.

11. 〈오태훈의 시사본부〉, 택배 노동자 과로사 대책 마련

- 프로그램명: 〈오태훈의 시사본부〉 "택배 노동자 15번째 사망…정부 대책은?"
- 매체 및 방송 일시: KBS1R, 2020. 10. 30. 12시 20분

12. 〈일하다 죽지 않게〉, 더 이상은 일하다 죽지 않게

- 프로그램명: <KBS 뉴스9> [일하다 죽지 않게]
- 매체 및 방송일시: KBS1TV, 2020. 7. 3.~12. 3. 매주 목요일 21시

▶ 2021년

1. 〈김경래의 최강시사〉, 이주 노동자 노동현실

- 프로그램명: 〈김경래의 최강시사〉 "노동부, 이주노동자 비닐 하우스 내 불법 가건물 거주 묵인하고 있어"
- 매체 및 방송일시: KBS1R, 2020.12.28. 07시 20분

2. 〈시사기획 창〉, 당신은 지금 어떤 일을 하고 있습니까?

- 프로그램명: 〈시사기획 창〉 "일터의 습격"
- 매체 및 방송일시: KBS1TV, 2021.1.31. 21시 40분

3. 〈KBS 뉴스9〉 임금체불보고서, 전문가 협업 취재가 돋보인 기획

- 프로그램명: 〈KBS 뉴스9〉 '억대 체불하고 28번 조사 불응…합의만 하면 처벌은 없다', '원청도 하청도 "책임 없다"…건설 노동자들만 설움', '"한 달에 이틀 쉬고 일했는데"…밀린 임금에 깨져버린 '코리안드림'', '임금 떼먹은 사람이 오히려 당당…'징벌적 배상제' 도입해야'
- 매체 및 방송일시: KBS1TV, 2021. 2. 8, 2. 9, 2. 10. 21시

4. 〈KBS 뉴스9〉, 경직된 위계구조 속 막말 갑질… 직장 문화의 민낯

- 프로그램명: 〈KBS뉴스9〉 "경직된 위계구조 속 막말 갑질"…직장문화의 민낯'
- 매체 및 방송일시: KBS1TV, 2021. 3. 26. 21시

5. 〈시사기획 창〉, 그림자 과로사

- 프로그램명: <시사기획 창> "그림자 과로사"
- 매체 및 방송 일시: KBS1TV, 2021. 4. 18. 21시 40분

6. 〈시사기획 창〉, 월급이 사라졌다

- 프로그램명: <시사기획 창> '월급이 사라졌다'
- 매체 및 방송일시: KBS1TV, 2021. 5. 2. 21시

7. 〈KBS 뉴스9〉, 다양한 노동이슈를 다루다!

- 프로그램명: <시사기획 창> "그림자 과로사"
- 매체 및 방송일시: KBS1TV, 2021. 4. 18. 21시 40분

8. 〈KBS 뉴스9〉 '편견과 혐오의 올림픽- KBS가 중심 잡아야'

- 프로그램명: '2020도쿄 올림픽 개회식', "'안산은 페미니스트, 금메달 박탈하라"…도넘은 온라인 혐오'
- 매체 및 방송일시: KBS1TV, 2021. 7. 23, 7. 30. 21시

9. 〈다큐인사이트, 국가대표〉, 동일노동 동일임금의 실현

- 프로그램명: <다큐인사이트> 국가대표
- 매체 및 방송일시: KBS1TV, 2021. 8. 12. 22시

10. 〈KBS 뉴스9〉, 세상에 '남의 일'이란 없습니다

- 프로그램명: 업무 범위 명시했지만…경비원들 "처우 개선없는 개악", "세상에 '남의 일'이란 없습니다"
- 매체 및 방송 일시: KBS1TV, 2021. 10. 5. 21시

11. 〈KBS 열린토론〉, '고용 없는 성장' 포스트코로나 시대

- 프로그램명: <KBS열린토론> '고용없는 성장' 포스트코로나 시대! 노동운동의 현 주소와 양대노총의 과제는?
  1. 선긋는 '스타벅스', '귀족노조' 비판…양대 노총의 현주소?
  2. 포스트코로나 시대 노동운동, 국민적 호응 얻으려면?
- 매체 및 방송일시: KBS1R, 2021. 10. 26. 19시 20분

12. 〈시사기획 창〉 '[급구] 이주노동자 불법을 삽니다'

- 프로그램명: <시사기획 창> [급구] 이주노동자 불법을 삽니다
- 매체 및 방송일시: KBS1TV, 2021. 11. 14. 21시 40분

▶ 2022년

1. 〈KBS다큐〉 다시는 일하다 죽지 않게, 공영방송으로서 의미있는 기획

- 프로그램명: <KBS다큐> 다시는 일하다 죽지 않게
- 매체 및 방송일시: KBS1TV, 2021. 12. 12. 23시 35분

2. 〈시사직격〉 살리고 싶다 살고 싶다, 간호 인력 실태 보고

- 프로그램명: 〈시사직격〉 살리고 싶다 살고 싶다 -간호 인력 실태 보고
- 매체 및 방송일시: KBS2TV, 2022. 1. 14. 22시

3. 〈다큐 인사이트〉 한국 웹툰의 발전, 웹툰 제국의 탄생

- 프로그램명: 〈다큐 인사이트 〉 웹툰 제국의 탄생
- 매체 및 방송일시: KBS1TV, 2022. 2. 6. 22시

4. 〈GPS와 리어카 연속 보도〉, 시급 950원·13km 인생…

- 프로그램명: <KBS 뉴스9> '시급 950원·13km 인생'…GPS로 확인한 폐지 수집 노동 실태, '폐지 수집' 노인 통계도 없다…"적어도 만 5천 명"
  <취재K> [GPS와 리어카 연속 보도]
  ① 시급 948원 인생…"나는 거리에서 돈을 줍습니다"
  ② 진통제 먹으며 일하는 노인들 입력
  ③ '당신은 시급 950원 받고 일할 수 있습니까?'
  ④ GPS가 알려준 진실 "노인들의 폐지 수집은 사회적 기여였다"
  ⑤ 폐지 수집 노동을 공공일자리로 만든다면?
- 매체 및 방송일시: KBS1TV, 2022. 3. 21, 3. 26. 21시

5. 〈KBS 뉴스9〉 중대재해처벌법 시행 100일, 노동인권 사각지대

- 프로그램명: <KBS 뉴스9> "사실상 중대재해법 사각지대"…이주노동자 17명 숨져 두 달째 휴대전화 잠금 안 풀어…삼표 "수사 성실히 협조 중", "30년 전기 노동에 남은 건 피부암"…산재 신청 잇따라
- 매체 및 방송일시: KBS1TV, 2022. 4. 4, 4. 11, 4. 13. 21시

6. <시사직격> 앞으로는 상생, 뒤로는 노조 파괴?

- 프로그램명: <시사직격> [앞으로는 상생, 뒤로는 노조 파괴? 두 얼굴의 SPC]
- 매체 및 방송일시: KBS1TV, 2022. 5. 13. 22시

7. 노동법 위반 제작 드라마 <미남당>

- 프로그램명: <미남당>
- 매체 및 방송일시: KBS2TV, 2022. 6. 27. 21시 50분

8. <시사기획 창> MZ, 회사를 떠나다

- 프로그램명: <시사기획 창>
- 매체 및 방송일시: KBS1TV, 2022. 7. 26. 22시

주석

1 엘콤리법 : 프랑스에서 2017. 1. 1.부터 시행되고 있는 법으로 상시 50인 이상 기업에 적용된다. '연결되지 않을 권리(right to disconnect)'란 업무시간 외에 업무와 관련된 연락을 받지 않을 권리를 말한다. 스마트 기기의 발달로 이메일, 전화, 메시지 등을 통해 항시적 업무 환경이 조성됨에 따라 논의되고 있는 권리 개념으로 노동자의 여가시간 보장과 사생활 보호를 목적으로 한다.

2 산업안선보건법 제51조(감독상의 조치)
   ① 「근로기준법」 제101조에 따른 근로감독관은 이 법 또는 이 법에 따른 명령을 시행하기 위하여 필요한 경우로서 고용노동부령으로 정하는 경우에는 다음 각 호의 장소에 출입하여 관계자에게 질문을 하고, 장부, 서류, 그 밖의 물건의 검사 및 안전·보건점검을 하며, 검사에 필요한 한도에서 무상으로 제품·원재료 또는 기구를 수거할 수 있다. 이 경우 근로감독관은 해당 사업주 등에게 그 결과를 서면으로 알려야 한다.
   ② 고용노동부장관은 이 법 또는 이 법에 따른 명령의 시행을 위하여 필요하다고 인정하는 경우에는 사업주·근로자 또는 제52조의4에 따라 등록한 지도사에게 보고 또는 출석을 명할 수 있다.
   ③ 고용노동부장관은 제65조에 따라 공단에 위탁된 권한을 행사하기 위하여 필요하다고 인정할 때에는 공단 소속 직원으로 하여금 사업장에 출입하여 산업재해 예방에 필요한 검사 및 지도 등을 하게 하거나, 역학조사를 위하여 필요한 경우 관계자에게 질문하거나 필요한 서류의 제출을 요구하게 할 수 있다.
   ④ 제3항에 따라 공단 소속 직원이 검사 또는 지도업무 등을 하였을 때에는 그 결과를 고용노동부장관에게 보고하여야 한다.
   ⑤ 제1항과 제3항에 따라 사업장 또는 지도사의 사무소를 출입할 경우 출입자는 그 신분을 나타내는 증표를 지니고 이를 관계인에게 내보여야 한다.
   ⑥ 고용노동부장관은 제1항 및 제4항에 따른 검사 등의 결과 필요하다고 인정할 때에는 사업주에게 건설물 또는 그 부속건설물·기계·기구·설비·원재료의 대체·사용중지·제거 또는 시설의 개선, 그 밖에 안전·보건상 필요한 조치를 하

도록 명할 수 있다. 이 경우 고용노동부장관의 명령을 받은 사업주는 그 명령받은 사항을 고용노동부령으로 정하는 바에 따라 근로자가 쉽게 볼 수 있는 장소에 게시하여야 한다.
⑦ 고용노동부장관은 산업재해가 발생할 급박한 위험이 있을 때 또는 제6항에 따른 명령이 지켜지지 아니하거나 위험 상태가 해제 또는 개선되지 아니하였다고 판단될 때에는 해당 기계·설비와 관련된 작업의 전부 또는 일부를 중지할 것을 명할 수 있다.
⑧ 고용노동부장관은 제1항과 제4항의 경우에 산업재해 예방을 위하여 필요하다고 인정할 때에는 근로자에게 제20조에 따른 안전보건관리규정의 준수 등 적절한 조치를 할 것을 명할 수 있다.

3 〈도시가스업법〉 제20조(공급규정)
① 가스도매사업자는 도시가스의 요금이나 그 밖의 공급조건에 관한 공급규정(이하 "공급규정"이라 한다)을 정하여 산업통상자원부장관의 승인을 받아야 한다. 승인을 받은 사항을 변경하려는 경우에도 또한 같다.
② 일반도시가스사업자는 공급규정을 정하여 시·도지사의 승인을 받아야 한다. 승인을 받은 사항을 변경하려는 경우에도 또한 같다.
〈도시가스회사 공급비용 산정기준〉
제 1 조 (목적)
본 기준은 시·도지사가 도시가스 소비자의 이익증진과 도시가스사업의 건전한 발전을 도모하기 위하여 일반도시가스사업자(이하 "사업자"라 함)의 공정하고 적정한 공급비용을 산정함에 있어서 적용할 객관적이고 일관성 있는 기준을 제공하는데 그 목적이 있다.

4 〈거리의 만찬〉에서 가스검침원의 과다한 점검, 검침 업무량, 산재 위험, 고객의 성희롱, 성추행, 폭언, 폭행 등에 쉽게 노출된 채 위험한 노동환경을 버티고 있는 열악한 여성 노동현실에 대해 적나라하게 보여줬으나 여성 노동에 대해 전반적이고, 깊이 있는 문제의식을 가지고 다루었다고 보기는 어려웠다.

5 그 이전 방송으로는 2017. 7. 11. 라이브 오늘, 별별그대 〈대구경북 청년이 희망이다〉 기획 : 경력단절 주부들! 꿈을 이루다, 2017. 4. 7. 명견만리, '경력단절, 꿈을 포기하는 워킹맘들', 2015. 10. 17. 다큐 공감, '엄마, 하이힐을 신다' 등이 있다.

6 20세기 한국사 해방 : KBS 대하다큐멘터리, '제6편 성으로부터 해방'(1999. 8. 21.)

7 2018 통계로 보는 여성의 삶(통계청)에서 2017. 8월 기준 여성 임금근로자는 881만 8천 명으로 이 중 비정규직은 약 41%인 363만 2천 명이며, 이들 임금근로자 중 비정규직 비중은 여성이 남성(26.3%)보다 14.9%나 높았다. 여성 비정규직 중 절반이 넘는 190만 2천 명은 시간제였고, 여성 시간제가 전년보다 12만 2천 명(6.9%)이나 늘어나면서 여성 비정규직에서 차지하는 비중이 50.0%에서 52.4%로 상승했다.

8 〈근로기준법〉
제63조(적용의 제외) 이 장과 제5장에서 정한 근로시간, 휴게와 휴일에 관한 규정은 다음 각 호의 어느 하나에 해당하는 근로자에 대하여는 적용하지 아니한다.
1. 토지의 경작 · 개간, 식물의 재식(栽植) · 재배 · 채취 사업, 그 밖의 농림 사업
2. 동물의 사육, 수산 동식물의 채포(採捕) · 양식 사업, 그 밖의 축산, 양잠, 수산 사업
3. 감시(監視) 또는 단속적(斷續的)으로 근로에 종사하는 자로서 사용자가 고용노동부장관의 승인을 받은 자
4. 대통령령으로 정하는 업무에 종사하는 근로자

9 노동절 관련 KBS 뉴스보도 : 2019. 4. 29 "KBS창원, 모레 '근로자의 날' 기념 음악회", 2019. 5. 1. "129주년 노동절, 노동단체 행사 잇따라". "'오늘 노동절... 배달, 여성 노동자도 거리로'", "노동기본권 보장하라", "'노동절 대전 대회' 열려… 최저임금 만 원 이행 촉구", "129주년 세계 노동절.. 전북 기념대회 열려", "광주·전남서도 세계노동절 행사 "노동기본권 보장"", "제129주년 세계 '노동절' 기념식 개최", "민주노총 대구, 노동절 대회 열어", "노동권 보장하라…도심 곳곳 노동절 집회·행사", "여야, 노동절 맞아 고용 안정·양극화 해소 등 현안 해결 다짐", KBS창원, "근로자의 날 기념 '6시간 특집'", "근로자의 날, 숨은 끼 마음껏 발산(뉴스9 포항)", "전남 동부권서도 근로자의 날 기념행사 열려", "근로자의 날 기념식…모범근로자 등 100여 명 표창(충주)", '2019. 5. 2.' "모든 노동자의 노동권 인정하라…여성·배달 노동자도 거리로"

10 표준국어대사전에서도 노동자는 '1) 노동력을 제공하고 얻은 임금으로 생활을 유지하는 사람. 법 형식상으로는 자본가와 대등한 입장에서 노동 계약을 맺으며, 경제적으로는 생산 수단을 일절 가지는 일 없이 자기의 노동력을 상품으로 삼음, 2) 육체노

동을 하여 그 임금으로 살아가는 사람'으로, 근로자는 근로에 의한 소득으로 생활을 하는 사람으로 정의되어 있다.

11 근로라는 용어는 《삼국사기》 및 1895년 최초 국어 교과서인 「국민소학독본」에서 노동은 육체적인 생산 활동을 의미로, 근로는 나라의 부강은 국민의 근로에 있다고 하여 이미 근로라는 용어는 사용하고 있었다. 다만, 일제 때 노동자를 황근(皇勤), 일본 황실을 위해 열심히 일한다는 의미로 쓰이던 황근(皇勤)에서 근(勤)자를 따와서 열심히 일한다는 뜻으로 근로자로 명명하며, 일제 식민지배 논리로 악용(근로정신대, 근로보국대 등)한 측면이 있다.

12 [대법원 2019.8.29. 선고, 2017다219072 판결]
【판시사항】
1. 한국도로공사의 외주사업체(통행료 수납업무 용역계약 체결) 소속으로 근무한 수납원들과 한국도로공사는 근로자파견관계에 있었다고 봄이 상당하다
2. 직접고용간주되거나 직접고용의무가 발생한 이후 파견근로자가 파견사업주로부터 해고를 당하거나 사직을 하더라도, 직접고용간주나 직접고용의무와 관련된 법률관계에는 영향을 미치지 않는다

【요 지】
파견근로자보호 등에 관한 법률 제2조제1호에 의하면, 근로자파견이란 파견사업주가 근로자를 고용한 후 그 고용관계를 유지하면서 근로자파견계약의 내용에 따라 사용사업주의 지휘·명령을 받아 사용사업주를 위한 근로에 종사하게 하는 것을 말한다. 원고용주가 어느 근로자로 하여금 제3자를 위한 업무를 수행하도록 하는 경우 그 법률관계가 위와 같이 파견법의 적용을 받는 근로자파견에 해당하는지는 당사자가 붙인 계약의 명칭이나 형식에 구애될 것이 아니라, 제3자가 당해 근로자에 대하여 직·간접적으로 그 업무수행 자체에 관한 구속력 있는 지시를 하는 등 상당한 지휘·명령을 하는지, 당해 근로자가 제3자 소속 근로자와 하나의 작업집단으로 구성되어 직접 공동 작업을 하는 등 제3자의 사업에 실질적으로 편입되었다고 볼 수 있는지, 원고용주가 작업에 투입될 근로자의 선발이나 근로자의 수, 교육 및 훈련, 작업·휴게시간, 휴가, 근무태도 점검 등에 관한 결정 권한을 독자적으로 행사하는지, 계약의 목적이 구체적으로 범위가 한정된 업무의 이행으로 확정되고 당해 근로자가 맡은 업무가 제3자 소속 근로자의 업무와 구별되며 그러한 업무에 전문성·기술성이 있는

지, 원고용주가 계약의 목적을 달성하기 위하여 필요한 독립적 기업조직이나 설비를 갖추고 있는지 등의 요소를 바탕으로 그 근로관계의 실질에 따라 판단하여야 한다.

1. 원고들(통행료 수납원)과 피고(한국도로공사)가 파견근로관계에 있는지 여부

다음과 같은 사정들을 종합하면, 원고들은 외주사업체에게 고용된 후 이 사건 외주사업체와 통행료 수납업무 용역계약을 체결한 피고로부터 직접 지휘·명령을 받으며 피고를 위한 근로를 제공하였으므로 원고들과 피고는 근로자파견관계에 있었다고 봄이 상당하다.

① 원고들과 피고 직원은 상호 유기적인 보고와 지시, 협조를 통해 업무를 수행하였고, 피고는 업무 범위를 지정하는 것을 넘어 규정이나 지침 등을 통하여 원고들의 업무수행 자체에 관하여 지시를 하였으며, 피고가 원고들의 업무처리 과정에 관여하여 관리·감독하였다. ② 원고들과 피고 영업소 관리자는 전체적으로 하나의 작업집단으로서 피고의 필수적이고 상시적인 업무를 수행하였고, 그 과정에서 원고들은 피고의 사업에 실질적으로 편입되었다고 볼 수 있다.
③ 외주사업체가 원고들에 대한 근무태도 점검, 휴가 등에 관한 사항을 독자적으로 결정하였다고 보기 어렵고, 원고들에 대한 기본적인 교육과 훈련은 피고 또는 피고의 지역본부의 주관 아래 실시되었다. ④ 피고는 각종 지침을 통하여 원고들의 업무를 구체적으로 특정하여 비전형적인 업무를 수행하도록 하는 등 용역계약의 목적 또는 대상이 구체적으로 범위가 한정된 업무의 이행으로 확정되었다고 보기 어렵다.
⑤ 외주사업체는 대체로 용역계약을 체결하기 직전까지 피고의 직원이었던 사람들에 의해 운영되고, 피고의 통행료 수납업무에 관한 외주화 과정을 통하여 비로소 형성되어 피고의 통행료 수납업무의 수행만을 위해서만 존재하고 피고만을 상대로 사업을 영위하였다. 외주사업체는 대부분 별도의 조직체계를 갖추고 있지 않고, 피고 영업소 운영을 위하여 별다른 자본을 투자하지 않으며, 특별한 사업경영상의 위험을 부담한다고 보기도 어렵다.

2. 파견법상 직접고용간주되거나 직접고용의무가 발생한 이후 근로자가 외주사업체로부터 사직하거나 해고를 당한 경우, 그로 인하여 이미 발생한 직접고용간주 또는 직접고용의무 효과가 소멸하는지 여부 직접고용간주 또는 직접고용의무 규정은 사용사업주와 파견근로자 사이에 발생하는 법률관계와 이에 따른 법적 효과를 설정하는 것으로서 그 내용이 파견사업주와는 직접적인 관련이 없고, 위와 같은 법률관계의 성립이나 법적 효과 발생 후 파견사업주와 파견근로자 사이의 근로관계가 유지되고 있을 것을 그 효력존속요건으로 요구하고 있다고 할 수도 없다. 따라서 사용사업주와 파견근로자 사이에 직접고용관계의 성립이 간주되거나 사용사업주에게 직

접고용의무가 발생한 후 파견근로자가 파견사업주에 대한 관계에서 사직하거나 해고를 당하였다고 하더라도, 이러한 사정은 원칙적으로 사용사업주와 파견근로자 사이의 직접고용간주나 직접고용의무와 관련된 법률관계에 영향을 미치지 않는다.
한편 제정 파견법 제6조제3항 단서와 구 파견법 및 개정 파견법 제6조의2 제2항은 '당해 파견근로자가 명시적인 반대의사를 표시하는 경우'에는 직접고용간주 규정이나 직접고용의무 규정이 적용되지 않는다고 정하고 있다. 직접고용간주 규정이나 직접고용의무 규정의 입법 목적과 그 규정들이 파견사업주와는 직접적인 관련이 없는 점 등에 비추어 보면 '당해 파견근로자가 명시적인 반대의사를 표시하는 경우'란 근로자가 사용사업주에게 직접고용되는 것을 명시적으로 반대한 경우를 의미한다. 따라서 파견근로자가 파견사업주와의 근로관계를 종료하고자 하는 의사로 사직의 의사표시를 하였다고 하더라도 그러한 사정만으로는 '당해 파견근로자가 명시적인 반대의사를 표시하는 경우'에 해당한다고 단정할 수 없다.

13 대법원 판결이 있기까지 KBS는 '거리의 만찬'([고속도로 로맨스], 2019. 8. 9), '오늘밤 김제동'(톨게이트 수납원들은 왜 지붕을 점거했나?, 2019. 7. 5), '사사건건'(강경투쟁 vs 강경대응…톨게이트 수납원 고용, 쟁점·해법은?, 2019. 7. 5), '감시자들'(노동자들 톨게이트 수납원, KBS 창원, 2019. 7. 17) 등 시사교양프로는 물론, 뉴스 및 라디오를 통해 도로공사 톨게이트 수납원 고용문제 관련 사항을 지속적으로 다루었다.

14 특히 타 방송에서도 주로 여성의 경력단절, 남녀의 임금격차, 여성 경제활동참가율 저조, 채용 임금 및 승진에서의 차별을 다루었다면 500인 이상 기업 여성임원비율 3.6%를 함축적으로 제시함으로써 이 모든 것을 1시간 여간 깊이 있게 다루어 주었던 듯하다.

15 〈시사직격〉 '겁 없는 여자들 : 요금수납원 해고, 200일의 기록'에서는 비정규직 노동자로 고용불안에 시달리며 10년을 일해도 이방인, 일자리를 지키기 위해 대리운전, 술 따르기, 러브샷, 블루스 추기, 식대 절감을 위한 텃밭 노동 등 그저 사회적 약자인 그들의 입장에서 묵묵히 그들의 목소리를 들어주었다.

16 '500대 기업 여성 임원 비율인 3.6%'라는 수치를 상징성 있게 제시함으로써 단순한 경력단절 여성 문제가 아닌 현재 500대 기업 여성 임원, 경력 이탈의 갈림길에

서 고민하는 여성, 조직 내에서 유리천장을 뚫지 못하고 퇴사한 여성들을 직접 인터뷰하며 한국 사회에서 여성이 그들의 커리어를 유지, 발전하기 위해 어떤 과정과 어려움을 겪고 있는지 한 차원 깊게 문제를 다루었다.

17 2019년 3월 의견서에는 시사교양, 예능 부문에서 2019. 1. 25. 거리의 만찬, [노동의 조건 2 – 3만 6천 7백 걸음]이 단일 편성으로는 거의 유일했고, 2018. 10. 23. 그녀들의 여유만만, '경력단절 여성 특집', 2018. 7. 11. KBS 영상 한국사, '남녀고용평등법 시행 이후에도 계속된 직장에서의 여성 차별', 예능으로는 2019. 2. 5. 설특집 안녕하세요, '남편의 무관심에 독박육아까지 하는 워킹맘'으로 아카이브 영상 프로를 제외하고는 단 3편에 불과했다.

18 집배원의 여유율은 2018. 10. 감사보고서에 3%로 1시간에 단 1.8분만 쉴 수 있어 국제노동기구 권고 기준인 9%에 크게 미치지 못하고 특히 노동 강도가 높은 집배 동자의 경우 20%가 적정수준임에도 현재 12.5%, 2시간에 15분 정도의 여유율을 반영하였다고 한다. 제조업 20%, 중공업 30%로 육체노동 강도가 높을수록 높은 여유율을 가져야 한다.

19 근로기준법 제58조(근로시간 계산의 특례)
③ 업무의 성질에 비추어 업무 수행 방법을 근로자의 재량에 위임할 필요가 있는 업무로서 대통령령으로 정하는 업무는 사용자가 근로자대표와 서면 합의로 정한 시간을 근로한 것으로 본다. 이 경우 그 서면 합의에는 다음 각 호의 사항을 명시하여야 한다.
1. 대상 업무
2. 사용자가 업무의 수행 수단 및 시간 배분 등에 관하여 근로자에게 구체적인 지시를 하지 아니한다는 내용
3. 근로시간의 산정은 그 서면 합의로 정하는 바에 따른다는 내용
④ 제1항과 제3항의 시행에 필요한 사항은 대통령령으로 정한다.

20 산업통상자원부, 한국의류산업협회(봉제업체 실태조사, 2015)

21 [대법원 2009. 10. 29. 선고, 2009다51417 판결] 퇴직금청구
【판시사항】

[1] 근로기준법상 근로자에 해당하는지 여부의 판단 기준
[2] 의류제조업을 영위하는 甲의 사업장에서 별도의 사업자등록을 하고 의류제조공정 중 봉제업무를 수행하고 기본급 없이 작업량에 따른 성과급만을 지급받은 乙이 근로기준법상의 근로자에 해당한다고 한 사례

【판결요지】
[1] 근로기준법상의 근로자에 해당하는지 여부는 계약의 형식이 고용계약인지 도급계약인지보다 그 실질에 있어 근로자가 사업 또는 사업장에 임금을 목적으로 종속적인 관계에서 사용자에게 근로를 제공하였는지 여부에 따라 판단하여야 하고, 여기에서 종속적인 관계가 있는지 여부는 업무 내용을 사용자가 정하고 취업규칙 또는 복무(인사)규정 등의 적용을 받으며 업무 수행 과정에서 사용자가 상당한 지휘·감독을 하는지, 사용자가 근무시간과 근무장소를 지정하고 근로자가 이에 구속을 받는지, 노무제공자가 스스로 비품·원자재나 작업도구 등을 소유하거나 제3자를 고용하여 업무를 대행케 하는 등 독립하여 자신의 계산으로 사업을 영위할 수 있는지, 노무 제공을 통한 이윤의 창출과 손실의 초래 등 위험을 스스로 안고 있는지, 보수의 성격이 근로 자체의 대상적 성격인지, 기본급이나 고정급이 정하여졌는지 및 근로소득세의 원천징수 여부 등 보수에 관한 사항, 근로 제공 관계의 계속성과 사용자에 대한 전속성의 유무와 그 정도, 사회보장제도에 관한 법령에서 근로자로서 지위를 인정받는지 등의 경제적·사회적 여러 조건을 종합하여 판단하여야 한다. 다만, 기본급이나 고정급이 정하여졌는지, 근로소득세를 원천징수하였는지, 사회보장제도에 관하여 근로자로 인정받는지 등의 사정은 사용자가 경제적으로 우월한 지위를 이용하여 임의로 정할 여지가 크기 때문에, 그러한 점들이 인정되지 않는다는 것만으로 근로자성을 쉽게 부정하여서는 안 된다.
[2] 의류제조업을 영위하는 甲의 사업장에서 乙이 별도의 사업자등록을 하고 의류제조공정 중 봉제업무를 수행하고 기본급 없이 작업량에 따른 성과급만을 지급받았다고 하더라도, 甲의 지휘·감독을 받아 업무를 수행하였으므로 乙은 근로기준법상의 근로자에 해당한다고 한 사례.

【이 유】 상고이유를 판단한다.
근로기준법상의 근로자에 해당하는지 여부는 계약의 형식이 고용계약인지 도급계약인지보다 그 실질에 있어 근로자가 사업 또는 사업장에 임금을 목적으로 종속적인 관계에서 사용자에게 근로를 제공하였는지 여부에 따라 판단하여야 하고, 여기에서

종속적인 관계가 있는지 여부는 업무 내용을 사용자가 정하고 취업규칙 또는 복무(인사)규정 등의 적용을 받으며 업무 수행 과정에서 사용자가 상당한 지휘·감독을 하는지, 사용자가 근무시간과 근무장소를 지정하고 근로자가 이에 구속을 받는지, 노무제공자가 스스로 비품·원자재나 작업도구 등을 소유하거나 제3자를 고용하여 업무를 대행케 하는 등 독립하여 자신의 계산으로 사업을 영위할 수 있는지, 노무 제공을 통한 이윤의 창출과 손실의 초래 등 위험을 스스로 안고 있는지, 보수의 성격이 근로 자체의 대상적 성격인지, 기본급이나 고정급이 정하여졌는지 및 근로소득세의 원천징수 여부 등 보수에 관한 사항, 근로 제공 관계의 계속성과 사용자에 대한 전속성의 유무와 그 정도, 사회보장제도에 관한 법령에서 근로자로서 지위를 인정받는지 등의 경제적·사회적 여러 조건을 종합하여 판단하여야 한다. 다만, 기본급이나 고정급이 정하여졌는지, 근로소득세를 원천징수하였는지, 사회보장제도에 관하여 근로자로 인정받는지 등의 사정은 사용자가 경제적으로 우월한 지위를 이용하여 임의로 정할 여지가 크기 때문에, 그러한 점들이 인정되지 않는다는 것만으로 근로자성을 쉽게 부정하여서는 안 된다(대법원 2006.12.7. 선고 2004다29736 판결, 대법원 2007.9.7. 선고 2006도777 판결 등 참조).

원심은 그 채택증거에 의하여 인정되는 다음과 같은 사정들, 즉 원고(선정당사자)와 선정자들(이하, 원고와 선정자들을 '원고들'이라 한다)은 매일 오전 9시부터 오후 7시까지(토요일에는 오후 5시까지) 피고의 작업장에서 일하였고, 야근을 할 경우에는 피고의 별도 지시에 따랐고 자의적 판단으로 야근을 한 적은 없었으며, 결근하여야 할 경우 미리 관리자 소외인의 허락을 받았고, 쉬는 날 및 하계휴가기간 등도 피고에게 고용된 다른 일반 직원들과 동일하게 적용받는 등 피고의 작업장에서 다른 일반 직원들과 사실상 같은 근무형태(출·퇴근시간, 야근, 휴일, 휴가사용)로 고정적·계속적으로 근무하였으며, 업무의 성격이나 형식에 비추어 원고들이 임의로 이를 변경하기는 어려웠다고 보이는 점, 원고들은 피고 또는 관리자 소외인의 작업지시에 따라 디자인-재단-봉제-마도메(마감수작업)-다림질-포장으로 이어진 작업공정 중 봉제 부분을 맡아 맞춤옷을 제작하였는데, 가위 등 손에 익어야 작업능률이 오르는 소모성 작업비품 외에는 피고가 제공하는 재봉틀, 원단, 실 등 작업도구와 원자재를 사용하여 작업한 점, 원고들이 피고로부터 일정 수준 이상의 보수를 비교적 안정된 형태로 지급받은 점, 원고들의 근무는 피고의 의류제작에 필수적이고 핵심적인 봉제 업무에 종사하는 것으로서 근무기간 중 피고 이외의 동종업체의 일을 받아서 하는 것은 사실상 불가능하였다고 보이는 점, 1997년 이후로 피고 운영 업체에서의 봉제 업무의 근로형태가 월급제에서 객공 형태로 바뀌었는데, 피고는 봉제일을 원하는 사람들에게 일률적으로 사업자등록을 요구함으로써, 원고들에게 객공 형태로 일할 것인지 아니면 월급제로 일할 것인지에 대한 선택권이 없었다고 보이는 점, 원고들이 임의로 자신이 아닌 제3자로 하여금 피고의 작업장에 출근하여 일을 하도록 할 수는 없는 것으로 보여 그 업무의 대체성을 인정하기 어려운 점, 원고들이 피고 운영 업체의 봄, 가을 두 차례의 패션쇼를 앞두고는 야근과 휴일근무를 지속하였고 또한 피고 운영 업체의 사정에 따라 원래 소속된 맞춤팀(맞춤복팀)에서 봉제 업무를 하다가 메인팀(기성복팀)의 일을 맡아 하기도 하였는데, 이러한 것은 원고들이 수익을 더 올리기 위한 자발적인 행위라기보다는 피고의 경영상 목적을 위한 것으로 보는 것이 상당한 점 등을 종합하여 보면, 원고들은 근로기준법상의 근로자에 해당한다고 판단하였다.

원심이 인정한 위와 같은 사정들을 앞서 본 법리와 기록에 비추어 살펴보면, 원고들은 임금을 목적으로 종속적인 관계에서 피고에게 근로를 제공한 근로자에 해당한다고 봄이 상당하다.

한편 원심판결 이유 및 기록에 의하면, 피고가 주장하는 바와 같이, 원고들은 다른 일반 직원들에게 적용되는 취업규칙·복무(인사)규정·징계규정 등의 적용을 받지 않고 보수에 기본급이나 고정급이 없이 그 작업량에 따른 성과급만을 지급받았으며 부가가치세법상의 사업자등록을 함으로써 근로소득세가 아닌 사업소득세를 납부하였고 산업재해보상보험, 고용보험 등 이른바 4대보험에 가입되어 있지 않은 사정 등이 있기는 하나, 이러한 사정들은 사용자인 피고가 경제적으로 우월한 지위에서 사실상 임의로 정할 수 있는 사정에 불과하여 원고들의 근로자성을 뒤집는 사정이라고 보기는 어렵다.

그렇다면 원고들이 근로기준법상의 근로자에 해당한다고 본 원심의 판단은 정당하고, 거기에 상고이유로 주장하는 바와 같은 심리미진의 위법 또는 근로자 개념에 관한 법리오해 등의 위법이 있다고 할 수 없다.

그러므로 상고를 기각하고, 상고비용은 패소자의 부담으로 하기로 하여 관여 대법관의 일치된 의견으로 주문과 같이 판결한다.

22 산재보험 적용직종(14개): 보험설계사, 건설기계조종사, 학습지교사, 골프장경기보조원, 택배기사, 퀵서비스기사, 신용카드모집인, 대리운전기사 등 (특수형태근로종사자의 고용보험 적용 등을 위한 「고용보험법」 개정안 등 입법예고(2020. 7.))

23 다만, 전 직종을 아울러 국제노동기구(ILO)가 권고하는 최소 여유율은 9%, 제조업

20%, 중공업 30%로 전문가(김철홍(인천대 산업공학과 교수 등))들은 우체국 업무 같은 경우 20% 이상 여유율이 보장되어야 하는 고강도의 작업이라고 한다.

24 고용노동부 국정감사 제출자료(2020. 8. 기준)에 따르면 코로나19로 올해 입국 예정이었던 이주 노동자의 90% 이상이 입국하지 못하였다.

25 고용노동부에 따르면 산재승인 직업성 암 사망자는 2019년 125명(「2019년 산업재해 발생현황」, 고용노동부 산재예방보상정책국), 2020. 9월 기준 2020.1월~ 9월까지 90명(「2020. 9월 말 산업재해 발생현황」,고용노동부 산재예방보상정책국)이다.

26 물론 이 경우에도 실무적으로 들여다보면, 화학물질, 분진 등에 노출되어 직입싱 질환을 앓는 근로자기 업무상 질병의 입증이 어려울 경우 고용노동부(근로복지공단)에 심의 의뢰를 할 수 있고, 산재보험보상법 시행규칙 제22조에 의해 역학조사를 실시하게 되는데 환경부와 고용노동부의 역학조사 기준이 달라 여전히 문제는 있다.

27 고용노동부 직업성 암의 업무상 질병 인정기준(「산업재해보상보험법」 제37조제5항 및 「산업재해보상보험법 시행령」 제34조 제3항 및 별표 3 제10호)
업무상 질병으로 인정되는 직업성 암은 다음과 같다.
10. 직업성 암
가. 석면에 노출되어 발생한 폐암, 후두암으로 다음의 어느 하나에 해당하며 10년 이상 노출되어 발생한 경우
　　1) 가슴막반(흉막반) 또는 미만성 가슴막비후와 동반된 경우
　　2) 조직검사 결과 석면소체 또는 석면섬유가 충분히 발견된 경우
나. 석면폐증과 동반된 폐암, 후두암, 악성중피종
다. 직업적으로 석면에 노출된 후 10년 이상 경과하여 발생한 악성중피종
라. 석면에 10년 이상 노출되어 발생한 난소암
마. 니켈 화합물에 노출되어 발생한 폐암 또는 코안·코곁굴[부비동(副鼻洞)]암
바. 콜타르 찌꺼기(coal tar pitch, 10년 이상 노출된 경우에 해당한다), 라돈-222 또는 그 붕괴물질(지하 등 환기가 잘 되지 않는 장소에서 노출된 경우에 해당한다), 카드뮴 또는 그 화합물, 베릴륨 또는 그 화학물, 6가 크롬 또는 그 화합물 및 결정형 유리규산에 노출되어 발생한 폐암
사. 검댕에 노출되어 발생한 폐암 또는 피부암

아. 콜타르(10년 이상 노출된 경우에 해당한다), 정제되지 않은 광물유에 노출되어 발생한 피부암
자. 비소 또는 그 무기화합물에 노출되어 발생한 폐암, 방광암 또는 피부암
차. 스프레이나 이와 유사한 형태의 도장 업무에 종사하여 발생한 폐암 또는 방광암
카. 벤지딘, 베타나프틸아민에 노출되어 발생한 방광암
타. 목재 분진에 노출되어 발생한 비인두암 또는 코안·코곁굴암
파. 0.5피피엠 이상 농도의 벤젠에 노출된 후 6개월 이상 경과하여 발생한 급성·만성 골수성백혈병, 급성·만성 림프구성백혈병
하. 0.5피피엠 이상 농도의 벤젠에 노출된 후 10년 이상 경과하여 발생한 다발성골수종, 비호지킨림프종. 다만, 노출기간이 10년 미만이라도 누적노출량이 10피피엠·년 이상이거나 과거에 노출되었던 기록이 불분명하여 현재의 노출농도를 기준으로 10년 이상 누적노출량이 0.5피피엠·년 이상이면 업무상 질병으로 본다.
거. 포름알데히드에 노출되어 발생한 백혈병 또는 비인두암
너. 1,3-부타디엔에 노출되어 발생한 백혈병
더. 산화에틸렌에 노출되어 발생한 림프구성 백혈병
러. 염화비닐에 노출되어 발생한 간혈관육종(4년 이상 노출된 경우에 해당한다) 또는 간세포암
머. 보건의료업에 종사하거나 혈액을 취급하는 업무를 수행하는 과정에서 B형 또는 C형 간염바이러스에 노출되어 발생한 간암
버. 엑스(X)선 또는 감마(γ)선 등의 전리방사선에 노출되어 발생한 침샘암, 식도암, 위암, 대장암, 폐암, 뼈암, 피부의 기저세포암, 유방암, 신장암, 방광암, 뇌 및 중추신경계암, 갑상선암, 급성 림프구성 백혈병 및 급성·만성 골수성 백혈병

28 익산시, 성희롱·괴롭힘 기관장에 '면죄부'…2차 피해 우려(2021.2.19), "계약직을 회식 왜 데려가"…조달청 간부의 '갑질' 입력(2020.12.28), 故서지윤 간호사 산재 인정…"태움은 업무상 재해"(2020.11.9), [앵커의 눈] 괴롭힘 드러나자 해고? "변호사도 당하는데…"(2020.9.18), "마른 오징어도 비틀어라"…직원·가맹점 '가매출' 압박한 엔터식스(2020.9.18), 부당전보 항의에 보복성 조치…극단적 선택 '산재' 입력(2020.7.31), "출퇴근 기사에 집수리까지"…중진공 자회사 3년간 "직장내 괴롭힘"(2020.7.25) 등 평균 월 2회 이상 꾸준히 보도하고 있다.

29 (근로기준법)

제76조의2(직장 내 괴롭힘의 금지) 사용자 또는 근로자는 직장에서의 지위 또는 관계 등의 우위를 이용하여 업무상 적정범위를 넘어 다른 근로자에게 신체적 · 정신적 고통을 주거나 근무환경을 악화시키는 행위(이하 "직장 내 괴롭힘"이라 한다)를 하여서는 아니 된다.

제76조의3(직장 내 괴롭힘 발생 시 조치) ① 누구든지 직장 내 괴롭힘 발생 사실을 알게 된 경우 그 사실을 사용자에게 신고할 수 있다.

② 사용자는 제1항에 따른 신고를 접수하거나 직장 내 괴롭힘 발생 사실을 인지한 경우에는 지체 없이 그 사실 확인을 위한 조사를 실시하여야 한다.

③ 사용자는 제2항에 따른 조사 기간 동안 직장 내 괴롭힘과 관련하여 피해를 입은 근로자 또는 피해를 입었다고 주장하는 근로자(이하 "피해근로자등"이라 한다)를 보호하기 위하여 필요한 경우 해당 피해근로자등에 대하여 근무장소의 변경, 유급휴가 명령 등 적절한 조치를 하여야 한다. 이 경우 사용자는 피해근로자등의 의사에 반하는 조치를 하여서는 아니 된다.

④ 사용자는 제2항에 따른 조사 결과 직장 내 괴롭힘 발생 사실이 확인된 때에는 피해근로자가 요청하면 근무장소의 변경, 배치전환, 유급휴가 명령 등 적절한 조치를 하여야 한다.

⑤ 사용자는 제2항에 따른 조사 결과 직장 내 괴롭힘 발생 사실이 확인된 때에는 지체 없이 행위자에 대하여 징계, 근무장소의 변경 등 필요한 조치를 하여야 한다. 이 경우 사용자는 징계 등의 조치를 하기 전에 그 조치에 대하여 피해근로자의 의견을 들어야 한다.

⑥ 사용자는 직장 내 괴롭힘 발생 사실을 신고한 근로자 및 피해근로자등에게 해고나 그 밖의 불리한 처우를 하여서는 아니 된다.

(개정)

... ② 사용자는 제1항에 따른 신고를 접수하거나 직장내괴롭힘 발생사실을 인지한 경우에는 지체없이 당사자 등을 대상으로 그 사실 확인을 위하여 객관적으로 조사를 실시하여야 한다.

... 신설 ⑦ 제2항에 따라 직장 내 괴롭힘 발생 사실을 조사한 사람, 조사 내용을 보고 받은 사람 및 그 밖에 조사 과정에 참여한 사람은 해당 조사 과정에서 알게 된 비밀을 피해근로자 등의 의사에 반하여 다른 사람에게 누설하여서는 아니 된다. 다만, 조사와 관련된 내용을 사용자에게 보고하거나 관계 기관의 요청에 따라 필요한 정보를 제공하는 경우에는 제외한다.

제116조(과태료) ① 사용자(사용자의 「민법」 제 767조에 따른 친족 중 대통령령으로 정한 사람이 해당 사업 또는 사업자의 근로자인 경우를 포함한다)가 제76조의2를 위반하여 직장 내 괴롭힘을 한 경우에는 1천만 원 이하의 과태료를 부과한다.
② 다음 각 호의 어느 하나에 해당하는 자에게는 500만 원 이하의 과태료를 부과한다...
2. 제14조, 제39조, 제41조, 제42조, 제48조, 제66조, 제74조 제7항, 제76조의3 제2항·제4항·제5항·제7항, 제91조, 제93조, 제98조 제2항 및 제99조를 위반한 자
제109조(벌칙) ① 제36조, 제43조, 제44조, 제44조의2, 제46조, 제51조의3, 제52조제2항제2호, 제56조, 제65조, 제72조 또는 제76조의3제6항을 위반한 자는 3년 이하의 징역 또는 3천만원 이하의 벌금에 처한다.

30 (근로기준법)
제63조(적용의 제외) 이 장과 제5장에서 정한 근로시간, 휴게와 휴일에 관한 규정은 다음 각 호의 어느 하나에 해당하는 근로자에 대하여는 적용하지 아니한다.
1. 토지의 경작·개간, 식물의 식재(植栽)·재배·채취 사업, 그 밖의 농림 사업
2. 동물의 사육, 수산 동식물의 채취·포획·양식 사업, 그 밖의 축산, 양잠, 수산 사업
3. 감시(監視) 또는 단속적(斷續的)으로 근로에 종사하는 사람으로서 사용자가 고용노동부장관의 승인을 받은 사람
4. 대통령령으로 정하는 업무에 종사하는 근로자

(근로기준법 시행규칙)
제10조(근로시간 등의 적용제외 승인 신청 등) ①사용자는 법 제63조제3호에 따라 감시(監視) 또는 단속적(斷續的)으로 근로에 종사하는 자에 대한 근로시간 등의 적용 제외 승인을 받으려면 별지 제7호서식의 감시적 또는 단속적 근로종사자에 대한 적용제외 승인 신청서를 관할 지방고용노동관서의 장에게 제출하여야 한다.
②제1항에 따른 승인 대상이 되는 감시적 근로에 종사하는 자는 감시업무를 주 업무로 하며 상태적(狀態的)으로 정신적·육체적 피로가 적은 업무에 종사하는 자로 한다.

31 공동주택관리법 제65조의 2(경비원 등 근로자의 업무 등)
① 공동주택에 경비원을 배치한 경비업자(경비업법 제4조 제1항에 따라 허가를 받

은 경비업자를 말한다)는 경비업법 제7조 제5항에도 불구하고 대통령령으로 정하는 공동주택 관리에 필요한 업무에 경비원을 종사하게 할 수 있다.
공동주택관리법 중 '경비원'의 업무규정을 신설(동법 제65조의 2, 2020.10.20. 개정 법률 제17544호)해 공동주택 경비원은 경비업법 소정의 업무를 수행한다는 전제로 ① 경비업법에 의해 등록한 경비업자가 고용한 경비원에 적용토록 하고, ② 확대되는 업무범위를 대통령령으로 정하기로 함.

32 〈근로기준법〉제48조(임금대장 및 임금명세서) ① 사용자는 각 사업장별로 임금대장을 작성하고 임금과 가족수당 계산의 기초가 되는 사항, 임금액, 그 밖에 대통령령으로 정하는 사항을 임금을 지급할 때마다 적어야 한다.
② 사용자는 임금을 지급하는 때에는 근로자에게 임금의 구성항복·계산방법, 제43조제1항 단서에 따라 임금의 일부를 공제한 경우의 내역 등 대통령령으로 정하는 사항을 적은 임금명세서를 서면(「전자문서 및 전자거래 기본법」 제2조제1호에 따른 전자문서를 포함한다)으로 교부하여야 한다.(1인 이상 사업장 전면적용)

33 「남녀고용평등과 일·가정 양립 지원에 관한 법률」 제2조제3호
적극적 고용개선조치란 현존하는 남녀 간의 고용차별을 없애거나 고용평등을 촉진하기 위하여 잠정적으로 특정 성을 우대하는 조치를 말한다.

34 공동주택 경비원이 경비 업무 외에 수행할 수 있는 업무는 ① 청소 등 환경관리, ② 재활용가능자원의 분리배출 정리·단속, 위험·도난 발생 방지 목적을 전제로 ③ 주차관리와 ④ 택배물품 보관 등이 (한정됨)명시적 업무에 포함된다. 반면, 공용부분 수리 보조, 각종 동의서 징구 등 관리사무소 일반사무 보조 등은 원칙적으로 제한되며, 개인차량 이동 주차(발렛주차), 택배물품 세대 배달 등 개별세대 및 개인 소유물 관련 업무도 제한된다(국토교통부 보도자료 참고, 2021년 7월).

35 지난 2019. 7. 8, KBS 뉴스9에서 〈"배고픈 영화니까 괜찮다고?"…'계약서 없는 노동' 여전〉 케이블 채널 드라마 연출팀 막내 스태프의 1일 12시간, 주 5, 6일 근무, 월 100만 원도 안 되는 급여, 계약서 없는 노동을 비판하며 KBS는 최근 KBS 등 지상파 3사와 드라마 제작사협회는 스태프 노조와 표준근로계약서 도입에 합의했다고 보도했다.

36 좁아진 취업문…대기업 68% "하반기 채용 없거나 계획 아직"(시사포커스, 2021. 9. 6)

37 프랑스에서는 왜 단체협약적용률이 높은가?(손영우, 한국외국어대학교 국제지역연구센터, 2014), "노조조직률은 비슷한데…" 한국, 단협적용률 OECD 최하위권(파이낸셜뉴스, 2019. 3. 19)

38 (노동조합및노동관계조정법)제35조(일반적 구속력) 하나의 사업 또는 사업장에 상시 사용되는 동종의 근로자 반수 이상이 하나의 단체협약의 적용을 받게 된 때에는 당해 사업 또는 사업장에 사용되는 다른 동종의 근로자에 대하여도 당해 단체협약이 적용된다.
제36조(지역적 구속력) ① 하나의 지역에 있어서 종업하는 동종의 근로자 3분의 2 이상이 하나의 단체협약의 적용을 받게 된 때에는 행정관청은 당해 단체협약의 당사자의 쌍방 또는 일방의 신청에 의하거나 그 직권으로 노동위원회의 의결을 얻어 당해 지역에서 종업하는 다른 동종의 근로자와 그 사용자에 대하여도 당해 단체협약을 적용한다는 결정을 할 수 있다.
② 행정관청이 제1항의 규정에 의한 결정을 한 때에는 지체없이 이를 공고하여야 한다.

39 민중의집, 한국빅데이터진흥원, 조사대상자 355명(2021)

40 2020년 기준 체류외국인 2,036,075명(장기체류 1,610,323명, 단기체류 425,752명), 미등록이주노동자(불법체류자) 392,196명임(통계청 e-나라지표)

41 2021년 10월 기준 외국인 근로자(E-9, H-2) 체류인원 350,420명, 외국인근로자(E-9) 근무인원 160,037명임(고용노동부 e-고용노동지표)

42 대한민국 정책브리핑, #사실은이렇습니다(www.korea.kr)

43 '20년 산업재해 사고사망 통계 발표(고용노동부, 2021.4.15)

44 (근로기준법)

제59조(근로시간 및 휴게시간의 특례) ① 「통계법」 제22조제1항에 따라 통계청장이 고시하는 산업에 관한 표준의 중분류 또는 소분류 중 다음 각 호의 어느 하나에 해당하는 사업에 대하여 사용자가 근로자대표와 서면으로 합의한 경우에는 제53조제1항에 따른 주(週) 12시간을 초과하여 연장근로를 하게 하거나 제54조에 따른 휴게시간을 변경할 수 있다.
1. 육상운송 및 파이프라인 운송업. 다만, 「여객자동차 운수사업법」 제3조제1항제1호에 따른 노선(路線) 여객자동차운송사업은 제외한다.
2. 수상운송업
3. 항공운송업
4. 기타 운송관련 서비스업
5. 보건업
② 제1항의 경우 사용자는 근로일 종료 후 다음 근로일 개시 전까지 근로자에게 연속하여 11시간 이상의 휴식 시간을 주어야 한다.

45 고용노동부 보도자료, '21년 산업재해 사고사망 현황 발표, 22. 3. 15.'

46 연도별 산재사고사망자수를 보면 2016년 969명, 2017년 964명, 2018년 971명, 2019년 865명, 2020년 882명, 2021년 828명이다(대한민국 정책브리핑, #사실은이렇습니다(www.korea.kr))

47 연도별 배달노동자 산재사고 사망자수: ('17) 2명 → ('18) 7명 → ('19) 7명 → ('20) 17명 → ('21) 18명

48 2020, 2021년 떨어짐·끼임 등 재래형 산재사고 사망자수 : ('20) 떨어짐 328명(37.2%), 끼임 98명(11.1%) → ('21) 떨어짐 351명(42.4%), 끼임 95명(11.5%)

49 고령자 산재사고 사망자 수: ('20) 347명(39.3%) → ('21) 352명(42.5%), 외국인 산재사고 사망자 수: ('20) 94명(10.7%) → ('21) 102명(12.3%)

50 고용노동부 보도자료, '22.1분기 『재해조사 대상 사망사고』 현황 발표, 2022. 5. 5.

51 2020년 산재 사고사망자 내용을 살펴보면 규모별로는 50인 미만 소규모 사업

장에서 81%(714명)가 발생했고 재해 유형별로는 '떨어짐' 37.2%(328명), '끼임' 11.1%(98명)로 가장 큰 비중을 차지, 인적 특성으로는 전체 사고사망자의 39.3%(347명)가 60세 이상이며, 외국인은 10.7%(94명)로 나타났다.

52 제53조(연장 근로의 제한) ① 당사자 간에 합의하면 1주 간에 12시간을 한도로 제50조의 근로시간을 연장할 수 있다.
② 당사자 간에 합의하면 1주 간에 12시간을 한도로 제51조 및 제51조의2의 근로시간을 연장할 수 있고, 제52조제1항제2호의 정산기간을 평균하여 1주 간에 12시간을 초과하지 아니하는 범위에서 제52조제1항의 근로시간을 연장할 수 있다.
제54조(휴게) ① 사용자는 근로시간이 4시간인 경우에는 30분 이상, 8시간인 경우에는 1시간 이상의 휴게시간을 근로시간 도중에 주어야 한다.
② 휴게시간은 근로자가 자유롭게 이용할 수 있다.

53 공공운수노조 희망연대본부 방송스태프지부, 'KBS드라마 〈미남당〉 제작사 공식입장에 대한 노동조합의 반박문', 3차 보도자료 참조

54 (기간제및단시간근로자보호등에관한법률)
제17조(근로조건의 서면명시) 사용자는 기간제근로자 또는 단시간근로자와 근로계약을 체결하는 때에는 다음 각 호의 모든 사항을 서면으로 명시하여야 한다. 다만, 제6호는 단시간근로자에 한정한다.
1. 근로계약기간에 관한 사항
2. 근로시간 · 휴게에 관한 사항
3. 임금의 구성항목 · 계산방법 및 지불방법에 관한 사항
4. 휴일 · 휴가에 관한 사항
5. 취업의 장소와 종사하여야 할 업무에 관한 사항
6. 근로일 및 근로일별 근로시간

55 고용노동부 「기간제근로자 고용안정 및 근로조건 보호 가이드라인」 주요 내용
① 사용자가 상시 · 지속 업무에 대하여 근로계약 체결 시부터 기간의 정함이 없는 근로자를 채용하도록 노력할 것. 이 경우, 상시 · 지속 업무란 "향후 2년 이상 지속될 것으로 예상되는 업무로 기존 가이드라인*보다 그 기준을 넓게 제시함"
* 연중 지속되는 업무로서 과거 2년 이상 지속되어 왔고, 앞으로도 지속될 것으로 예

상되는 업무
② 사용자가 근로계약이 만료되기 일정 기간 이전에 갱신 여부를 결정하여 해당 근로자에게 미리 통지하고, 합리적 이유 없이 근로계약기간을 짧게 설정하거나 근로계약 간 공백기간을 두는 것을 지양하도록 할 것
③ 사용자가 기간제근로자뿐만 아니라 기간의 정함이 없는 근로자로 전환되거나 간주되는 자에 대하여도 근로조건 및 복리후생 등의 성격을 고려하여 불합리한 차별을 하지 않도록 할 것
④ 사용자가 기간제근로자에 대하여 노동조합 활동 보장, 직장 내 괴롭힘과 성희롱에 대한 예방 및 대응, 직장어린이집 이용의 차별금지 등 일·생활 균형 조치할 것

「사내하도급근로자 고용안정 및 근로조건 보호 가이드라인」 주요 내용
① 노급사업주가 사내하도급계약의 중도해지 또는 계약만료 1개월 이전에 수급사업주에게 통지하고, 고용승계 등의 방법으로 사내하도급근로자의 고용 및 근로조건을 유지하도록 하며, 수급사업주는 사내하도급계약 기간에 소속 근로자의 고용안정을 보장하도록 할 것
② 산업안전보건법 개정안(2019년 개정)의 취지에 따라, 도급사업주가 원칙적으로 유해 또는 위험한 작업을 직접 이행하고, 수급사업주와 사내하도급 근로자에게 안전·보건에 관한 정보를 제공하고 필요한 안전·보건 조치를 할 것
③ 도급사업주가 공동근로복지기금 조성·출연 등 사내하도급근로자의 복지증진을 위하여 노력하고, 사내하도급 관계를 고려하여 괴롭힘 및 성희롱 예방·대응조치 등을 할 것

56 중소·중견기업에 정규직으로 취업한 청년들의 장기근속을 위하여, 고용노동부와 중소벤처기업부가 공동으로 운영하는 사업을 말한다. 이는 미취업 청년(만15세 이상 34세 이하)의 중소·중견기업 유입을 촉진하고, 청년 근로자의 장기 근속과 자산 형성을 지원하기 위해 2016년 7월부터 시행되었다. 5인 이상 중소·중견기업(3년 평균 매출액 3,000억 원 미만인 기업)에 취업한 청년이 2년간 300만 원을 적립하면, 정부가 600만 원, 기업이 300만 원을 공동 적립하여 만기 시 1,200만 원의 목돈을 마련하는 것이다.

주석

에필로그

'기록은 기억을 이긴다.'는 시청자위원님의 말씀이 계기가 되어 시청자위원 활동 기록을 책으로 출간하게 되었다. 5년 간의 의견서를 묶는 작업 정도로 생각하였지만 의견서를 다시 책으로 펴내는 것은 생각했던 것과는 다른 차원의 일이었다. 책을 출간하기 위해 매일 아침 5시에 일어나던 것에서 4시에 일어나 하루 한 시간 이상의 시간을 추가적으로 확보하였다. 시간을 어떻게 쓰는지는 습관의 문제라는 것을 다시금 깨달았다.

필자는 2008년부터 현직 노무사로 단 하루도 쉬지 않고 16년간 달려오고 있다. 개인적으로는 대학에 들어가면서 스무 살 이후 매일 점심시간에 1시간씩 해오던 운동, 체력 관리도 도움이 되는 것 같다.

실무적으로 일을 할 때에는 되도록 현장을 직접 보려고 한다. 현장을 보아야 해결 방안이 잘 떠오르기 때문이다. 아직도 우리 사회에는 비정규직, 이주 노동자, 인구 고령화, 장시간 근로, 여성노동현실, MZ세대, 플랫폼 노동, 배달 노동자, 방송 스태프 노조, 직장 내 괴롭힘 금지, 위험의 외주화, 산업안전, 중대재해처벌법, 임금 체불 문제 등 다양한 노동이슈가 많다.

이러한 상황에서 부당한 노동환경을 개선하기 위한 언론 미디어의 역할이 중요하며, 현장 중심 비판의식을 가지고 이를 지속적으로 다루어야 한다. 이 책을 통해 그 중요성을 알리고 싶었고, 현직 노무사로서 미디어의 노동인권을 다룬 책은 거의 없기 때문에 이번 작업이 고되었지만 의미는 있었다.

처음과 끝이 있는 완결성 있는 노무사라는 직업을 사랑하며 보람을 가지며 일하고 있다. 생각만 하지 않고 행동으로 결과를 만들어내는 직업이라는 점에서 특히 그렇다. 지금 있는 현재의 자리에서 하루하루 주어진 일을 제대로, 효율적으로 하기 위해 매일 노력한다. 이번 책 출간 작업 또한 개인적으로는 끝이 있는 완결의 의미와 앞으로 다시 시작이라는 의미를 가지고 있다. 다음에는 어떤 책을 쓸지, 노무사로서 어떤 일을 하게 될지 기대된다. 직업적 소명의식을 가지며 지금 하고 있는 일, 속해 있는 환경을 사랑하게 해주셔서 감사하다.

또한 책 출간을 위해 애써주신 메이킹북스 장현수 대표님, 안지은, 박단비님에게도 깊은 감사를 전한다.